芸処
名古屋

若い舞妓も伝統の芸を受け継いで、お座敷へ。

やっとかめ文化祭能楽公演 狂言「長光」より　能楽師／井上松次郎 ほか

江戸時代の山車からくりが現代の街を練る。

習い事への情熱がプロスケーターを生む土壌に。

DESSERT MENU

はじめに

尾張名古屋は芸処。根生いの名古屋人にとっては、耳胼胝だが、今は「昔は芸処だったが今はそうじゃない」という言葉を屢々聞く。これはたいへんな間違いで、有り様が変わっても、今も昔も変わることなく、芸処であり続けているのが、尾張名古屋。

芸処とは、芸を教える人、習う人、支える人、この三者が一体となったところに芸処が成り立つのだが、そのためには、実はそれらの要素の基礎となる土壌が重要である。名古屋は、北に豊かな木曾の山々、そこから流れ出る豊かな木曾三川、その流れを引き込んだ豊かな濃尾平野、それが流れ込む豊かな海の伊勢湾。この豊かさは日本一。日本全国何処を捜してもこんな土地柄（とちがら）の地域は無い。

尾張一円は太古の昔から生産性の非常に高い地域なのだ。それはヤマトタケルの東征譚（たん）からもわかる。東征とは言いながら、尾張だけは、ミヤズヒメとヤマトタケルの結婚、つまり尾張とは戦わなかった、征伐できなかった、さらに引き出物に当たる草薙（くさなぎ）の剣が熱田神宮のご神体となっているのをみても、大和朝廷が尾張の力を恐れているのは想像に難くない。そんな豊かさに注目した近世の人物が、今川（いまがわ）氏親（うじちか）と徳川家康。氏親は今の名古屋城の二の丸辺りに那古野(なごや)城を、その後は家康が名古屋城を築き、いずれも活動の拠点とした。

家康は大の戦(いくさ)嫌いで、戦に勝った後の政策も戦以前から考えていた。それは、関ヶ原の合戦の後は、政経分離、政治は江戸で、経済は名古屋を中心に行いたいということ。名古屋を経済活動拠点とし、その象徴に、天守閣の屋根に黄金の鯱(しゃち)を乗せたのである。碁盤割(ごばんわり)の町は、京都に次いで大きな町割り。ここが芸処の土台となった。家康の後、二代光友、三代綱誠(つなのぶ)も、家康の政策方針を引き継いだが、七代宗春の治世にその活動の花が咲いたのである。この傾向は明治以後現在まで続き、名古屋は日本一の芸処を誇っている。本書はその実態を詳述し、名古屋自慢に加えようとするものである。

南山大学名誉教授・東海学園大学客員教授　安田文吉

近世

近現代

よう、ござった。

某（それがし）は元禄時代（1688-1704）の尾張藩士で、御畳奉行を務めた朝日文左衛門（あさひぶんざえもん）でござる。

えらゃぁ芝居好きで、『御畳奉行の日記』にも仰山の観劇の記録を残した某が、『芸処名古屋』をご案内仕（つかまつ）る。

古代〜中世

芸どころ名古屋は、
いつ、どこで生まれたのか。
ルーツをたどると、時代は古代へ。
そこには門前町として栄えた
熱田があった。

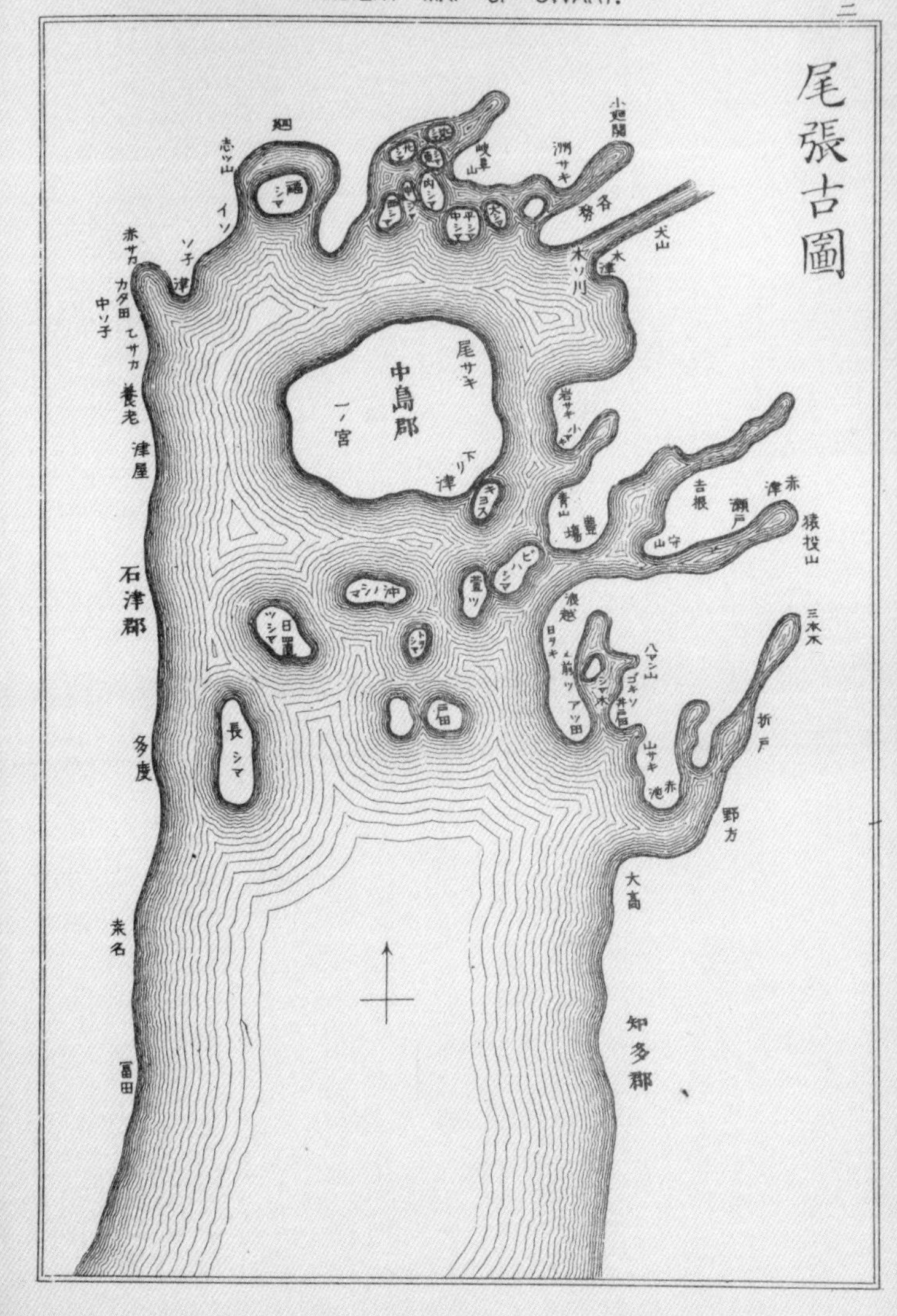

尾張古圖　『尾張名所圖繪』（名古屋市鶴舞中央図書館所蔵）より

御年百十三歳、少年のように舞った天才。

芸どころ名古屋というと、江戸時代、豊かな文化が花開いた名古屋城下の町を思い浮かべる人も多いだろう。しかし、名古屋城ができる前、伊勢湾の豊かな幸に恵まれ、熱田神宮の門前町としても栄えてきた熱田が名古屋(尾張)地域の中心だった頃には、既に名古屋が芸どころとして発展するための土台はできていたようだ。というのも、熱田神宮では神楽や雅楽が盛んで、その歴史はかなり古い時代までさかのぼることができるからだ。

寛政7年(1795)写の『熱田祭奠年中行事故実考』によると、熱田神宮には、古くから尾張浜主を祖とする雅楽があり、その流れを汲む楽人の家が伝来の太鼓や面を継承していたと伝えている。この尾張浜主こそ、天才的な舞人とされる人物だ。承和12年(845)の正月、既に113歳で立ちあがるのにも苦労していたが、宮中大極殿の最勝会[※1]では少年のように若々しく舞い、さらに清涼殿でも舞を披露し仁明天皇を感激させた、と『続日本後紀』[※2]に記載がある。また、別の書では尾張浜主と奈良・興福寺や熱田神宮との関わりが記されており、平安初期の熱田には平安京(現在の京都市中心部)にまで知られる舞人がいたこと、さらに、雅楽の家があり、舞楽が伝承されていたことがうかがえるのだ。

※1【最勝会】
国家安穏と天皇の無事息災を祈願する法会。

※2【続日本後紀】
仁明天皇の代である天長10年から嘉祥3年(833-50)までの歴史を記録した書。

『尾張浜主図』(名古屋市博物館所蔵)

いにしえの芸能を伝える熱田の神事。

熱田神宮の歴史によれば、その創祀は景行天皇43年（113）、日本武尊が宮簀媛命に預けた三種の神器の一つ、草薙神剣を祀ったことに始まる。いにしえより信仰を集め、今も年間約60もの恒例祭典と、約10におよぶ特殊神事が古式ゆかしく執り行われている。

その中で1月11日に行われる「踏歌神事」は、舞人が雅楽に合わせて舞い、大地を踏みしめてその年の除厄と招福を祈る神事で、「アラレバシリの神事」「オベロベロ祭り」とも呼ばれている。それは、宮中の踏歌節会が伝えられたもので、伝来の時期は定かではないが中世期以前にさかのぼる可能性があるという。踏歌神事は、今や熱田神宮を含め全国で3例ほどしか残っていない。

また、5月4日夜には「酔笑人神事」、別名「オホホ祭り」が行われる。境内の灯りがすべて消された中で、見てはならないと語り伝えられる神面を神職が袖に隠し持ち、決められた場所で全員一斉に「オホホ」と笑う神事だ。天智天皇7年（668）、外国の賊によって盗まれそうになり一時宮中に置かれた草薙神剣が、天武天皇の朱鳥元年（686）、

踏歌神事（写真提供：熱田神宮）

熱田神宮に戻ったことを喜んで始まったとされる。ただ、いつから行われてきたかははっきりしない。熱田神宮に残る一番古い年中行事の記録『文明十七年年中行事』には、文明17年（1485）5月4日の夜に神事が行われたと記載がある。江戸時代には神人が面をつけて舞ったという記録もあり、芸能の要素もあったことが想像できる。

酔笑人神事（写真提供:熱田神宮）

旅人や商人で賑わった中世の熱田。

鎌倉時代には民家が集まり、この名古屋（尾張）地域の中心だった熱田は、京と鎌倉を結んだ鎌倉街道を通って熱田神宮を参詣する人もあり、門前町として発展した。室町時代の熱田の賑わいを伝えてくれるのが、享禄年間（1528-32）の『熱田社参詣曼荼羅図』だ。海から舟で参る人がいたり、通りに店が軒を連ねていたりと、往時の賑わいが感じられる。

熱田神宮では、鎌倉時代から楊貴妃にまつわる不思議な伝説が伝えられてきた。実は楊貴妃は熱田の神で、日本を守るために唐にわたり、皇帝・玄宗の心をとらえて日本を攻撃の危機から救ったというものだ。当時の中国の思想では東方に不老不死の神仙が住む蓬莱島があるとされ、熱田が蓬莱だと考えられてきた。唐で最期を迎えた楊貴妃は神として再び熱田へ戻り、蓬莱で暮らしたとされる。そんな伝説を裏づけるように、かつては楊貴妃の墓碑と伝えられるものが熱田神宮内にあった。室町から江戸時代にかけての書物には人々がその墓に参拝したという記述があり、熱田神宮の楊貴妃伝説は全国区だったらしい。

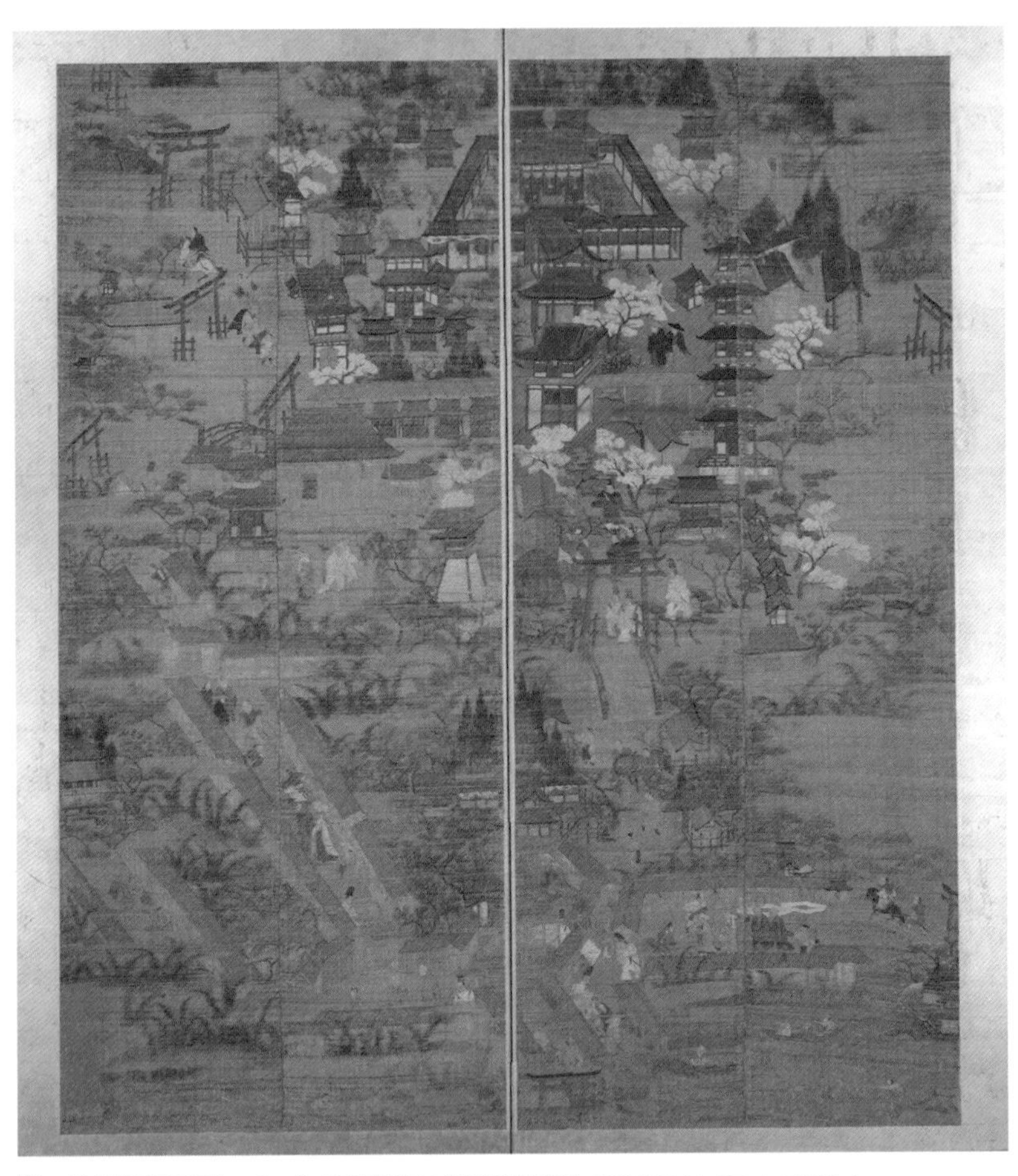

『熱田社参詣曼荼羅図』二曲一隻（伝狩野賢信 / 徳川美術館所蔵）

謡曲「源太夫（げんだゆう）」は熱田神宮を舞台にしている。源太夫とはこの地方をおさめた尾張氏の始祖を神格化した神で、天照大神が天岩戸に隠れたとき、神楽の太鼓を打ったのが尾張源太夫だったと中世の神話は伝える。この源太夫を祭神とするのが、『尾張名所図会（おわりめいしょずえ）』にも描かれている熱田神宮の摂社「上知我麻（かみちかま）神社」で、江戸時代には「源太夫社」とも呼ばれていた。元禄11年（1698）に熱田神宮の神事を記した『熱田神事記』によると、源太夫社では舞楽や神楽が奉納されており、熱田雅楽の中心だったことがわかる。

中世の時代、熱田神宮は蓬莱島と呼ばれていました。江戸時代、名古屋には「蓬左（ほうさ）」という別名がありましたが、それは都から見て熱田神宮の左方に開けた町であることから、蓬左と呼ばれたのです。名古屋城（別名 蓬左城）築城前は、熱田が尾張地域の中心だったことがうかがえますね。

景清と痣丸の伝説が息づく地。

源平の戦で敗れた平家方の武将・景清は、その勇猛ぶりや悲劇的な生涯から歌舞伎や浄瑠璃など多くの作品で描かれてきた。能の『景清』では、尾張熱田の遊女との間に生まれた一人娘が、盲目となった景清を訪ねるところから物語は進んでいく。

景清の伝説は日本各地に残されているが、熱田には平家没落の後、伝を頼って景清が熱田に入り、隠れ住んでいたという伝説がある。熱田神宮の近くには景清社という神社があり、

『能画巻物』有年より能『景清』（国立能楽堂所蔵）

「脇指無銘（号あざ丸）」鎌倉時代
（熱田神宮所所蔵）

景清を祭神として祀っている。また、熱田神宮が所蔵する平家重代（じゅうだい）の名刀「痣丸」は、平宗盛から景清に与えられたと伝わる。眼を病んでいた景清は、熱田神宮の「お清水（しみず）」で眼を洗って治そうとしたが、「痣丸」は持ち主が眼を病むという祟りのある妖刀としても知られており、それゆえ熱田神宮に納められたという。

ところで、平家を滅ぼし鎌倉幕府を開いた源頼朝は、熱田神宮の大宮司の娘を母に持つ。生誕地は定かではないが、神宮の西隣にある誓願寺とも、産湯の水をくんだ瑞穂区の龍泉寺とも言われている。景清も熱田神宮の縁者だったという話があり、熱田神宮は源氏にも平家にも関わりが深い神社と言える。

景清社

景清社

景清は平家の侍大将忠清の次子で、腕力に優れていた。平家没落後、縁あって熱田の地に隠れ住んだといわれる。謡曲「景清」では「尾張の国熱田にて遊女と相馴れ一人の子を設く」とうたわれている。後年、景清は眼病を患い、失明したという伝説から、この景清社は、眼病に霊験があるとして信仰が篤い。

名古屋市教育委員会

Kagekiyo-sha Shrine

Kagekiyo was warrior lord of the "Heike" clan, and after the clan's fall, lived as a hermit at Atsuta because of some affiliation with the area. This shrine dedicated to Kagekiyo is worshiped in the belief that it will cure eye diseases.

琵琶とともに沈んだ悲恋。

枇杷島町、師長町、妙音通。これらは名古屋市内の地名だが、すべて平安時代末期の貴族で、琵琶の名手だった藤原師長（法名 妙音院）に由来している。

治承3年（1179）、太政大臣だった師長は平清盛の政変によって失脚。尾張国井戸田庄（現在の名古屋市瑞穂区）に流され、琵琶を弾いては心をなぐさめていたという。身の回りの世話をしてくれた娘と契りを交わすが、後に京に戻ることになった。その際、今の枇杷島のあたりまで見送りにきた娘に、

琵琶「白菊」（宮内庁尚蔵館所蔵）

愛用の琵琶の名器「白菊(しらぎく)」を形見として贈ったという。しかし、娘は悲しみのあまり松に小袖をかけ、琵琶とともにそのまま枇杷島の地で入水したという悲しい恋の物語が伝えられている。

この悲恋は『尾張名所図会』にも描かれ、名古屋では箏(そう)の組歌(くみうた)「白菊」やオペラ「琵琶白菊物語」などの文芸作品が生まれた。また、娘が小袖をかけた松は「小袖懸けの松」と名づけられ、名古屋テレビ塔の足元にひっそりと佇んでいる。

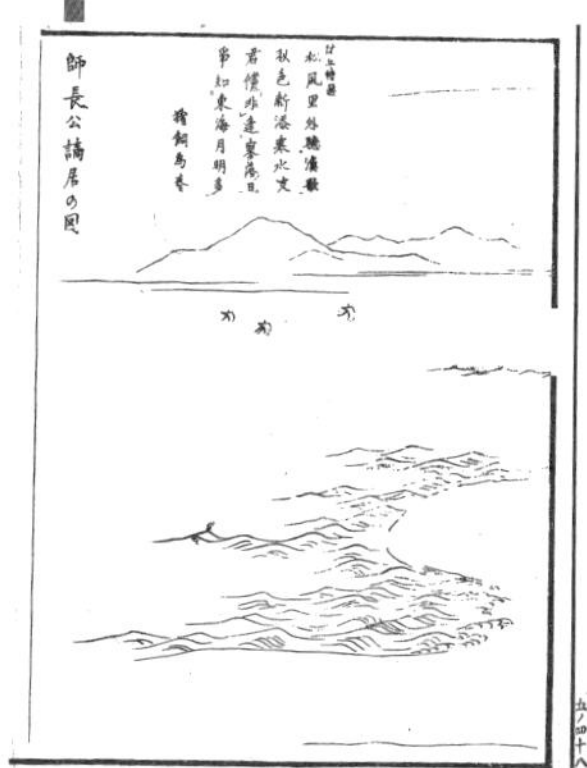

師長公謫居の図
『尾張名所図会 前編 巻5 愛智郡』(国立国会図書館デジタルコレクションより)

藤原師長公謫居(たっきょ)跡

無住国師(むじゅうこくし)が生んだ尾張万歳。

「へい!おめでとうっ」と景気よく鼓を打ち、福の神を呼び込んで新春をお祝いするとともに、家内の安全・繁栄を願う正月の祝福芸、尾張万歳。扇子を持って祝言を唱える太夫と、鼓をたたいて合いの手を入れる才蔵が一組になって演じるのが基本で、正月に各家をまわって芸を披露し、人々を笑わせて福を招いてきた。おなじみの上方漫才は、明治中期過ぎに尾張万歳から派生したものと言われ、今のお笑いの原点がここにある。古典万歳の儀式性と娯楽性を併せ持つ尾張万歳は芸能史上きわめて重要なものとされ、国の重要無形民俗文化財に指定されている。

尾張万歳の原点は鎌倉時代。長母寺(ちょうぼじ)(名古屋市東区)を開いた無住国師が仏教を布教するため、正応(しょうおう)年間(1288-93)に自分のつくった「万歳楽」という万歳を、寺で働いていた味鋺村(あじまむら)(名古屋市北区)の有助(ありすけ)・徳若(とくわか)父子に教えたことに始まるという。父子は「暮らしに困ったら万歳を唱えて布施を受けよ」という無住国師の教えにしたがい、寺領(じりょう)だった知多などに出かけて披露し、万歳を広めたという。

無住国師といえば、仏教説話集『沙石集(しゃせきしゅう)』

尾張万歳（上:昭和期、下:昭和20年代 / 写真提供:尾張万歳保存会）

日本のお笑いのルーツとなった庶民の芸能。室町期には知多半島に伝わっていたとされる。近世、農民たちは正月に出稼ぎとして関西や関東にも出かけて演じ、明治維新後はより演芸性を加えた巡業の一座も登場した。

を書いたことでも知られる。熱田神宮など地元の話題や和歌の話、人々の滑稽談など、さまざまな説話が軽妙なタッチで記された『沙石集』は、狂言や落語にも影響を与えた。主人に毒と言われた砂糖をなめてしまった召使たちが騒動を起こす狂言の『附子（ぶす）』は、その中の話がもとになっている。

長母寺

『敦盛』を舞い、傾者として生きた信長。

戦国時代、商業が発達し豊かな経済力をもった熱田を支配し、台頭してきたのが織田信長の父・信秀だ。その勢力を受け継いで尾張を統一した信長は、今川義元との桶狭間の戦いを前に熱田神宮に必勝を祈願している。そして出陣にあたって、「人間五十年、下天のうちを比ぶれば夢幻の如くなり」と、幸若舞※1の『敦盛』を謡い舞う有名な場面が『信長公記』※2に記されている。信長と熱田との関係は深く、熱田神宮の宮大工である岡部又右衛門家の以言・以俊親子は、大工の棟梁として安土城の造営を担い、信長に従って天正10年（1582）、本能寺の変で没したという。その後、名古屋城の築城には以俊の息子たちが関わっている。

信長の有名なエピソードの一つに、父の葬儀の際、位牌に抹香を投げつけたという事件がある。しかも、この時の信長は、茶筅まきの髪に腰には荒縄の帯、長束の太刀と脇差と、葬儀にはまったくふさわしくない傾者のファッションだった。既に「うつけ」と周りから陰口を叩かれていた信長だが、この振る舞いでさらに噂が広がったという。信長がどう考えていたかは明らかではないが、隣国大名などを油断させるための行動だったという説もある。事件の舞台となった万松寺(ばんしょうじ)は、信長の父が織田家の菩提寺として建てたもので、家康の命によって当初の場所から移転し、今は大須にある。本堂には信長のからくり人形が設けられ、『敦盛』を舞う場面と抹香を投げつける場面を再現している。

※1【幸若舞】
室町時代から江戸時代にかけて流行した舞。戦(いくさ)の有り様を語りながら舞う芸能。

※2【信長公記】
織田信長の一代記。永禄11年(1568)の上洛から、天正10年(1582)の本能寺の変までを克明に記載している。信長に仕えた太田牛一の著作。

万松寺からくり人形『信長』（写真提供：亀岳林 万松寺）

毎日10時から2時間おきに1日5回上演される。※雨天時中止

近世

名古屋が芸どころとして
大きく花開いたのは、近世になってから。
徳川家康が種をまいたとするなら
どこにもない大輪の花へと育てあげたのは、
異端の藩主、徳川宗春だ。

歌舞伎『傾城夫恋桜（けいせいつまこいざくら）』の絵入り狂言本『享保尾事』（徳川林政史研究所所蔵）より

家康がつくった城下町が、芸どころの中心に。

徳川家康が名古屋城の建設に取りかかったのは、慶長15年（1610）のこと。天下分け目の関ヶ原の戦いで豊臣方に勝った家康は、徳川時代の将来を見据えて経済活動活性化のため日本の真ん中の東海道と中山道をおさえ、熱田の港にも近い名古屋に経済活動拠点を置こうと考えた。大坂には豊臣秀吉の子・秀頼（ひでより）がいたがほとんど問題にせず、徳川家の経済力を見せつけるため、豊臣家の大坂城を上回る史上最大規模の城をつくることにしたのだ。この天下普請（ぶしん）※に駆り出されたのは、加藤清正や福島正則など西国や北国の諸大名20名。いずれも豊臣方の大名で、彼らに資材や人手などの資金を負担させ、徳川の力を示すと同時に、地元の経済活動を活性化させることも目的だった。

築城と同時に始まったのが、城下町の建設だ。家康の計画のもと新しい町が生まれると、それまで尾張の中心となっていた清須（きよす）から、武士や町人が名古屋へ大移動。百一家の商家や寺社、橋の名、町の名まで、城下町ぐるみの引っ越し「清須越（ごし）」が行われたのだ。

近世の城下町は、武家屋敷の町・町人の町・寺町からなり、身分や職業によって住む場

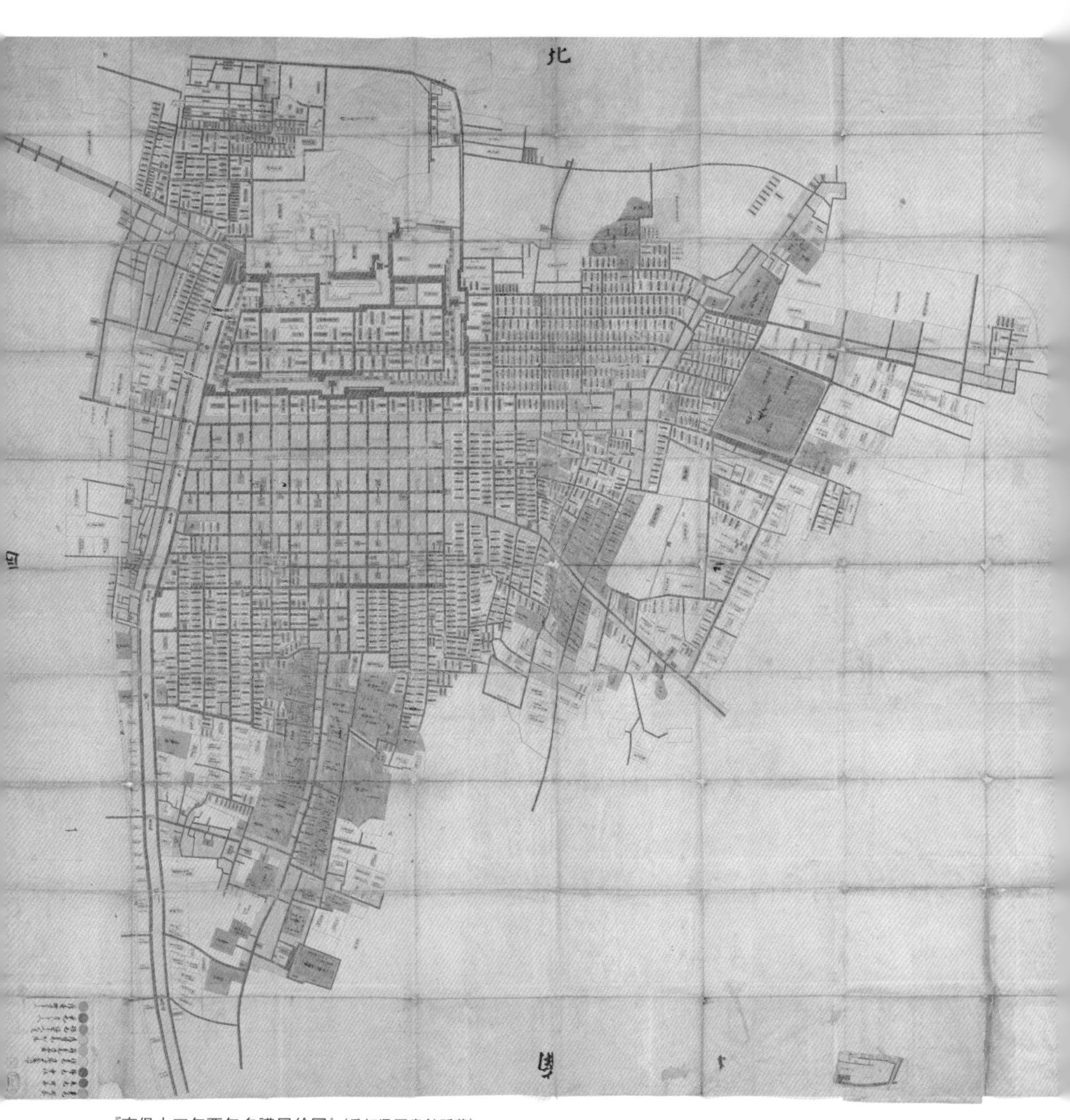

『享保十四年酉年名護屋絵図』（愛知県図書館所蔵）

所が決められていた。家康がつくった名古屋の城下町では身分の高い武家で家老格の人は城の近くに住んだが、その外堀のすぐ南側には町人の経済活動がより円滑にできるように「碁盤割（ごばんわり）」の町をつくり、商人と職人を住まわせた。つまり「ものづくり・もの売り」の町づくりが進められたのだ。

※【天下普請】天下人や江戸幕府が全国の大名に命じて行わせた土木工事のこと。

「よ〜いよ〜い」の掛け声も伸びやかな、名古屋市天白区に伝わる「平針木遣（きや）り音頭」。名古屋城築城時、城づくりに呼ばれた農民たちが、地元の木遣りを歌って材木を運びました。木遣りとは、重い木材や石などを運ぶ際に労働者たちが士気を高め、息を合わせるために歌った作業歌で、後には祝い歌にもなります。

芸能一家、尾張徳川家の代々の藩主。

名古屋で芸事が盛んになったのは、藩主の影響も大きい。尾張藩の初代徳川義直は学問好きの殿様だったが芸能への理解も深く、小鼓の名手だった。寛永12年(1635)7月22日には、江戸城で催された三代将軍の家光の茶宴で江戸城を訪れ、家光の前で、しゃれた歌詞に合わせて若衆踊りを披露している。派手な衣装を身にまとい、尾張から連れていった若衆23人の中心となって踊る義直に誰もがビックリ。というのも義直は堅物として知られていたからだ。地元の名古屋でも評判になり、親しみを込めて「殿様踊り」と命名し、『寛永跳記(かんえいおどりき)』という本まで出た。

二代光友は、父の義直以上に芸能を愛した殿様だった。武芸・書道・絵の才能があり、琴も名人クラスだった上に、「家元筋にあたる金春八左衛門浄玄(こんぱるはちざえもんじょうげん)に次ぐ能の名手はこの人しかいない」と言われるほどの能の上手(じょうず)。尾張徳川家も能・狂言の支援者で、義直や光友は金春(こんぱる)流(能)、和泉流(狂言)、藤田流(能(のう)笛方(ふえかた))をお抱えとした。藩主だけでなく側近の家臣も能を習い、誰もが能役者並みの腕前だったそうだ。特に光友の家臣は、尾張藩を訪れた客へのもてなしとして、客の好み

苅田蒔絵小鼓胴 附 葵紋扇散蒔絵鼓箱
（徳川美術館所蔵）©徳川美術館イメージアーカイブ/DNPartcom
豊臣秀頼から義直に贈られた鼓と、それを収めた蒔絵の箱。

橘町裏大芝居之図 『尾陽戯場事始（びようぎじょうことはじめ）』（名古屋市鶴舞中央図書館所蔵）

に応じて家臣だけで舞方（まいかた）、囃方（はやしかた）、謡方（うたいかた）を担い、どの演目もプロを呼ばなくても見事に演じたという。もちろん、芸事が好きなのは女性も同じで、義直の娘の鶴姫は香をたしなみ、琴を弾き、当時広まり始めたばかりの三味線まで楽しんでいる。

また、光友は寛文4年（1664）、橘町に芝居小屋をつくることを許可している。地方都市に公が認める芝居小屋が常設されたのは、全国的に見てもかなり早く、名古屋で芝居が盛んになるきっかけとなった。この橘町芝居は紆余曲折はあったが「明治24年（1891）に濃尾地震によって失われてしまうまで、創設から200年以上にわたって名古屋の芝居の中心の一つとして輝き続けてきた。

一方、尾張藩では義直以来、茶道が大切にされ、有楽（うらく）流、松尾流、表千家流、裏千家流が行われてきた。特に十二代斉荘（なりたか）は、大の茶の湯好き。裏千家十一代の千宗室（せんそうしつ）（玄々斎（げんげんさい））に茶道を学ぶと、尾張徳川家の茶道として有楽流、表千家流に裏千家流を加え、町人にも茶道が広まっていった。城内や別邸に築いた窯でやきものをつくらせたり、自ら茶器を焼いたり、江戸の尾張藩邸にもわざわざ瀬戸の陶工を招くほど熱心だったそうだ。こうして揃いも揃ってさまざまな芸に秀でた尾張徳川家の人々を中心として、芸どころ名古屋の土壌は豊かに広がっていったのだ。

全国屈指、山車からくりが集まる本場。

芸どころの発展には、名古屋の人々が祭礼を大切にしてきたことも関係している。家康の三回忌にあたる元和４年（１６１８）、家康の命日４月17日に合わせて４月15・16・17日の３日間にわたり東照宮祭が行われた。これが江戸時代、名古屋最大の祭礼となった東照宮祭の始まりとなり、翌年、初代義直は名古屋城内に東照宮を勧請する。

祭りに山車が登場したのは元和５年（１６１９）のこと。翌年にはからくり人形を載せた山車「橋弁慶車」が製作された。その後も山車は徐々に増えていき、約80年の間に全部で９輌に。さらに神輿に従う警固（けいご）と呼ばれる練り物は、35もの町から出るまでに拡大した。その後、天保年間（１８３０-４３）に最盛期を迎え、７，０００人とも言われる人々が神輿行列に参加したという。行列を見ようと軒先を桟敷にした店は家族や客人であふれ、通りは大勢の立ち見の人々で賑わった。

名古屋の人々は家康を祀る東照宮祭を執り行うために、ここぞというときは山車を新調し、大切に修復してきた。七代宗春の時代には、からくり人形の製作のため、京の人形師・庄兵衛が名古屋に招かれ、玉屋町に移住。現在は九代玉屋庄兵衛が伝統の技を受け継いでいる。そして今なお、名古屋を含めた尾張地方は、全国の山車からくりの3分の2が集まる本場なのだ。

『名古屋祭』(名古屋市鶴舞中央図書館所蔵)

伊勢門水(P.124)は、自著の『名古屋祭』で近郊の祭りの様子を絵と文章で記録し、伝統の祭りの復興にも貢献している。

残念ながら、東照宮祭の9輌の山車は戦災で失われましたが、現在も名古屋では東区、西区、中村区、中区、中川区、南区、緑区、守山区で山車を見ることができます。また、かつて東照宮祭とともに名古屋三大祭に数えられていた、三之丸天王社(現那古野神社)の天王祭、若宮八幡社の若宮祭は今も行われているんですよ。

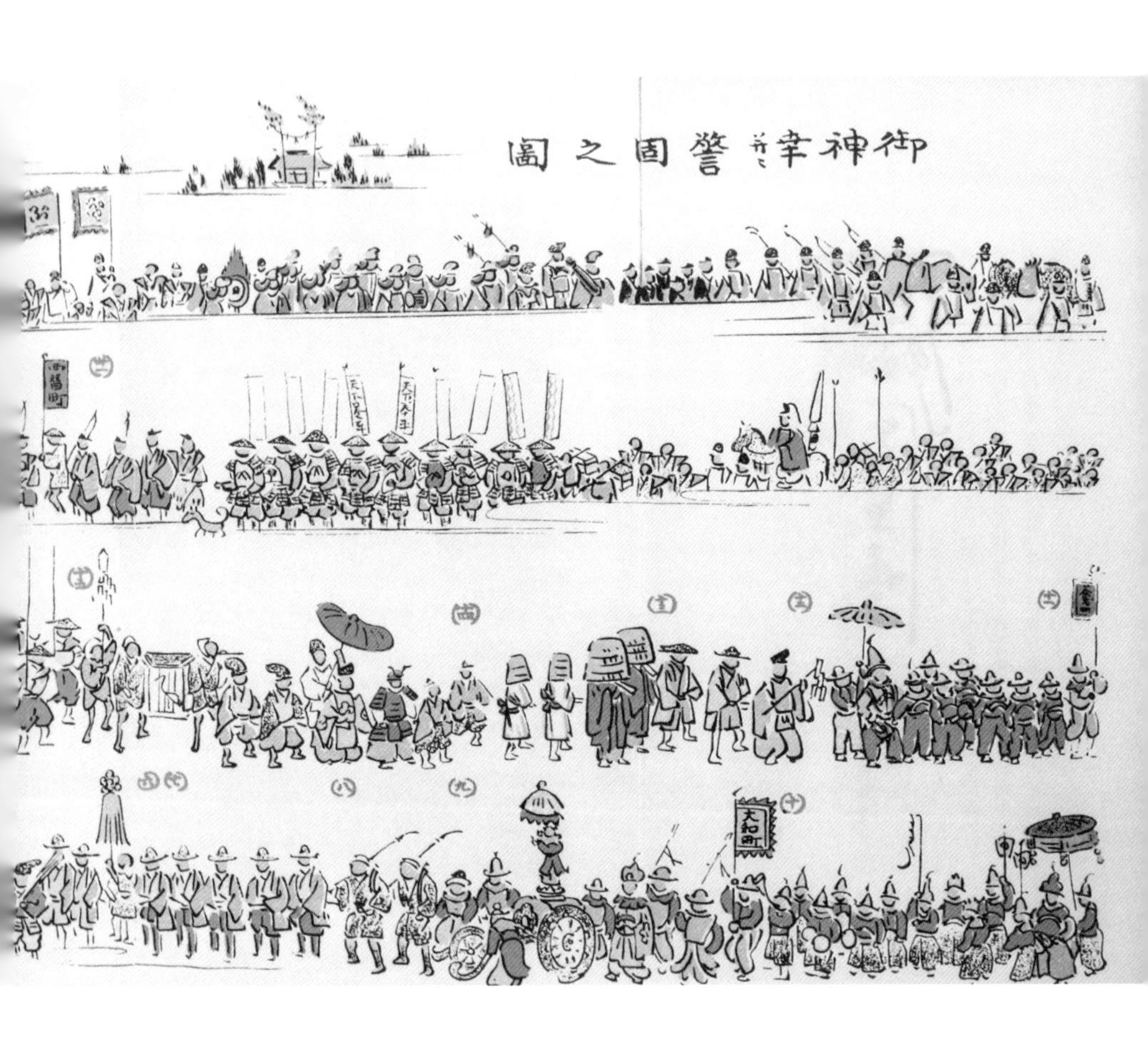
御神幸并ニ警固之圖
大和町

『名古屋祭』（名古屋市鶴舞中央図書館所蔵）

松尾芭蕉が名古屋で到達した、新しい俳風。

「古池や蛙飛び込む水の音」で知られる俳聖、松尾芭蕉。今では俳句と言えば芭蕉を思い浮かべる人も多いと思うが、俳句は連歌の発句が独立したもので、それに独自の境地を開いたのが芭蕉だ。

この蕉風（松尾芭蕉とその門人による俳風）が生まれたきっかけは、貞享（じょうきょう）元年（1684）、芭蕉が『野ざらし紀行』の旅の途中、名古屋を訪れた時のことだ。この時、名古屋城下の碁盤割に住む5人の俳人と巻いた句集『冬

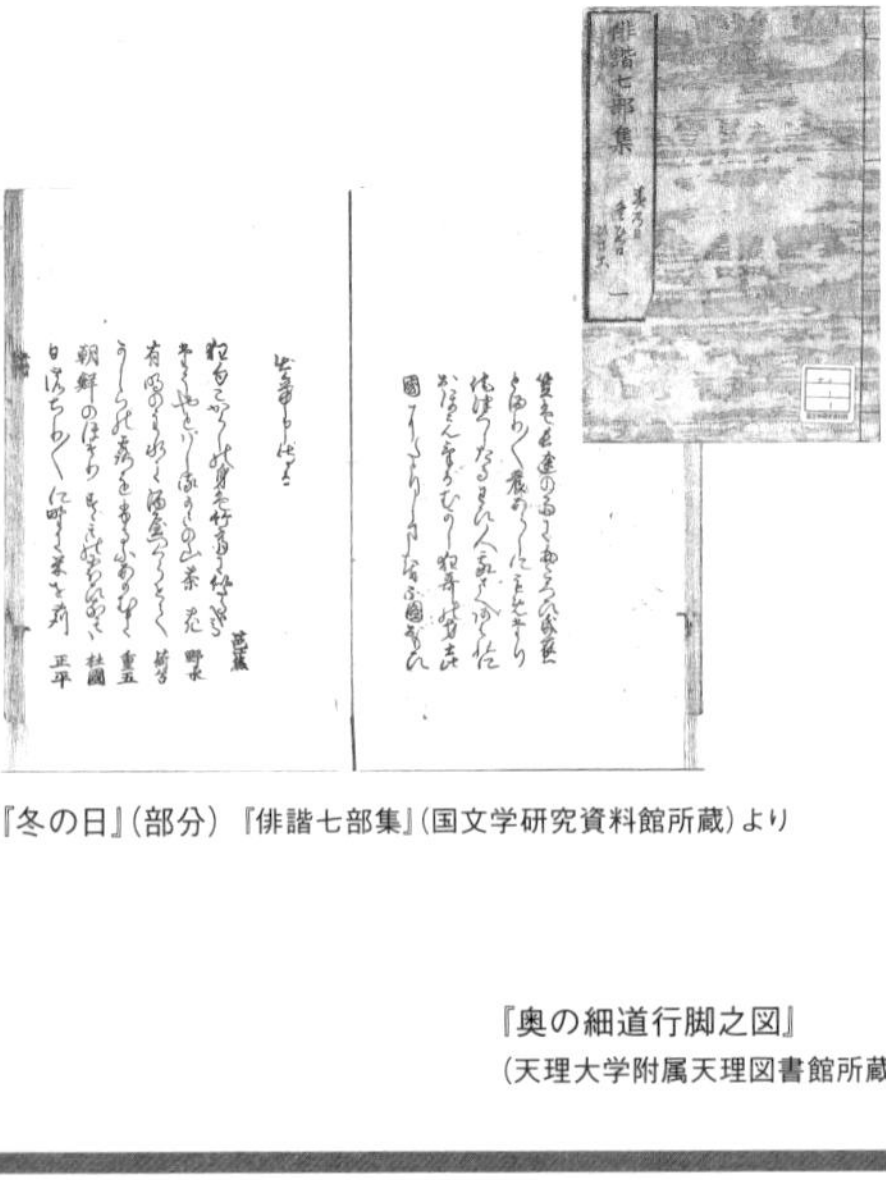

『冬の日』（部分）『俳諧七部集』（国文学研究資料館所蔵）より

『奥の細道行脚之図』
（天理大学附属天理図書館所蔵）より

の日』は、今までにない新鮮さにあふれ、蕉風と称されるようになる。

翌年、芭蕉は熱田を訪れ、鳴海の俳人と交流している。さらに貞享4年（1687）、芭蕉は後に名古屋屈指の本屋へと成長する風月堂を訪問。その場で歌った発句を懐紙にしたためて、店主に贈っているのだ。鳴海には芭蕉が存命中に建てられた直筆の石碑「千鳥（ちどり）塚」があり、没後、地元の俳人たちは芭蕉を追悼する供養塔も建立した。もし芭蕉が名古屋を訪れず、名古屋の俳人たちと交流を持つことがなかったら…。今、私たちが親しんでいる俳句は、どうなっていただろう。

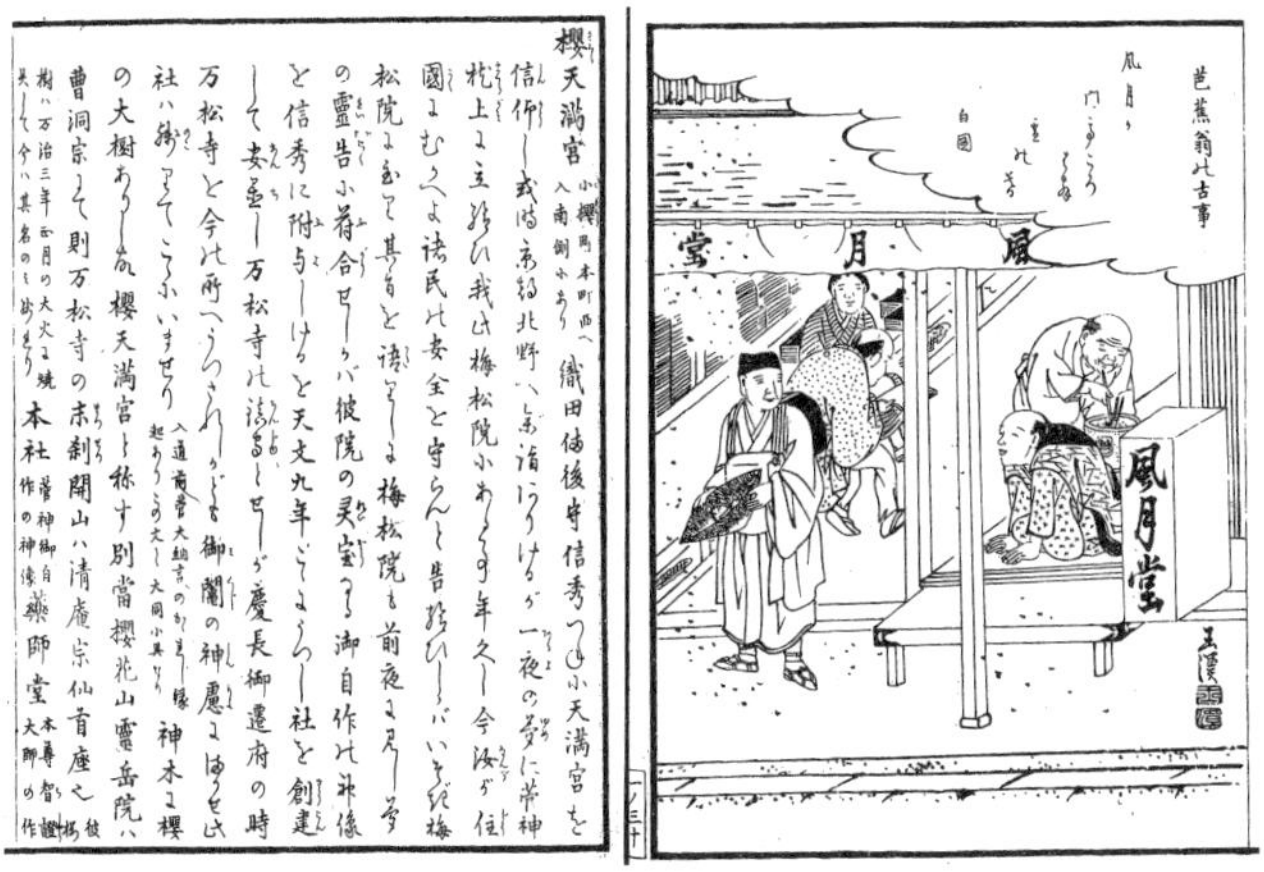

芭蕉翁の古事　『尾張名所図会 前編 巻1 愛智郡』（国立国会図書館デジタルコレクションより）
芭蕉が風月堂に立ち寄った際の想像図。

芝居好きの奉行が残した、元禄時代の大日記。

平和で華やかな文化が生まれた元禄時代。名古屋では町人が俳句をたしなみ、武士が能を舞い、さまざまな芸能がますます盛んになっていった。そんな往時の様子を伝えてくれるのが、酒好き、芝居好きだったという尾張藩の御畳(おたたみ)奉行、朝日文左衛門(あさひぶんざえもん)（定右衛門(じょうえもん)）だ。

文左衛門が現在まで名を知られている理由、それはこの男が記録魔だったことに尽きる。元禄4年（1691）から享保2年（1717）にかけて約27年にわたり書き続けた文左衛門の日記『鸚鵡籠中記(おうむろうちゅうき)』には、藩士の日常生活が事細かく書かれている。しかも自分の身のまわりのことだけではなく、芝居の感想、心中、盗難、殺人、密通など藩内の事件や噂話のほか、江戸や上方の出来事までも記されているのだ。昭和40年代（1965-74）まで約250年にわたって秘蔵されてきた日記は、現在、当時の様子を知る一級の資料として高く評価されている。

文左衛門の仕事は御城代組(ごじょうだいぐみ)同心という城の警備係だったが、城の畳づくりや畳表の張替えなどを管理する御畳奉行になってからは、まだ武士の浄瑠璃・歌舞伎見物が禁止されていた時代に、仕事以上に芝居見物に熱中した。禁を破って大須観音や若宮八幡社境

『鸚鵡籠中記』（名古屋市鶴舞中央図書館所蔵）
全37冊、文字数200万字、日数8,863日に及ぶ膨大な記録。

内の芝居小屋へ芝居を見に行き、当時人気を博していた竹本義太夫の浄瑠璃が大坂から御器所にやって来たときにも、侍の姿で見つかっては困るので編笠をかぶってもぐりこむ、という念の入れよう。日記には観劇の様子が綴られ、当時の芝居の内容や活気がうかがえる。

今なら私は芝居オタクと呼ばれるのでしょうね。浮気をして妻に嫉妬されたこと、深酒を両親に心配されたことなど、日記には赤裸々に書いてしまいました。

徳川宗春の慈愛と先進。

名古屋城下のあちこちの寺社の境内に芝居小屋が建ち、人気の歌舞伎役者の名演に町人も武士も拍手喝采。あでやかに笑みを浮かべる遊女たちに魅せられて、遊廓は夜ごと通う男たちでごった返す。八代将軍の吉宗のもと節約を強いられていた江戸の庶民とは、まるで正反対だった名古屋の人々の豊かな暮らし。その繁栄を築いたのが、白牛に乗り、長さ１６０センチものキセルをくゆらせながら市中を見回った七代宗春だ。

宗春は元禄９年（１６９６）、三代綱誠（つなのぶ）の20男として名古屋で生まれた。なにしろ20男なので家の相続には縁のない身。18歳で江戸へ出てからはずっと江戸藩邸で暮らしていたが、享保14年（１７２９）、その人生が大きく動き出す。吉宗の指示で尾張藩の支藩である奥州梁川藩（おうしゅうやながわ）３万石の大名となり、わずかその1年半後、兄の六代継友が亡くなったため、これまた吉宗の指示で宗春が尾張藩主の座に就くことになったのだ。

藩主になった宗春は規制緩和による経済活性化を目指し、名古屋に入る前の享保16年（１７３１）、自らの政策を21カ条にまとめた『温知政要』（おんちせいよう）を書き上げた。その書の冒頭で、「古来、国を治め民を案ずる道は仁をお

宗春着用の火事装束

上:白羅紗地葵紋付唐獅子牡丹文火事羽織(背面)、中:赤羅紗地桐に鳳凰文火事頭巾、下:赤羅紗地桐に鳳凰文火事頭巾/白羅紗地葵紋付唐獅子牡丹文火事羽織

(徳川美術館所蔵)©徳川美術館イメージアーカイブ/DNPartcom

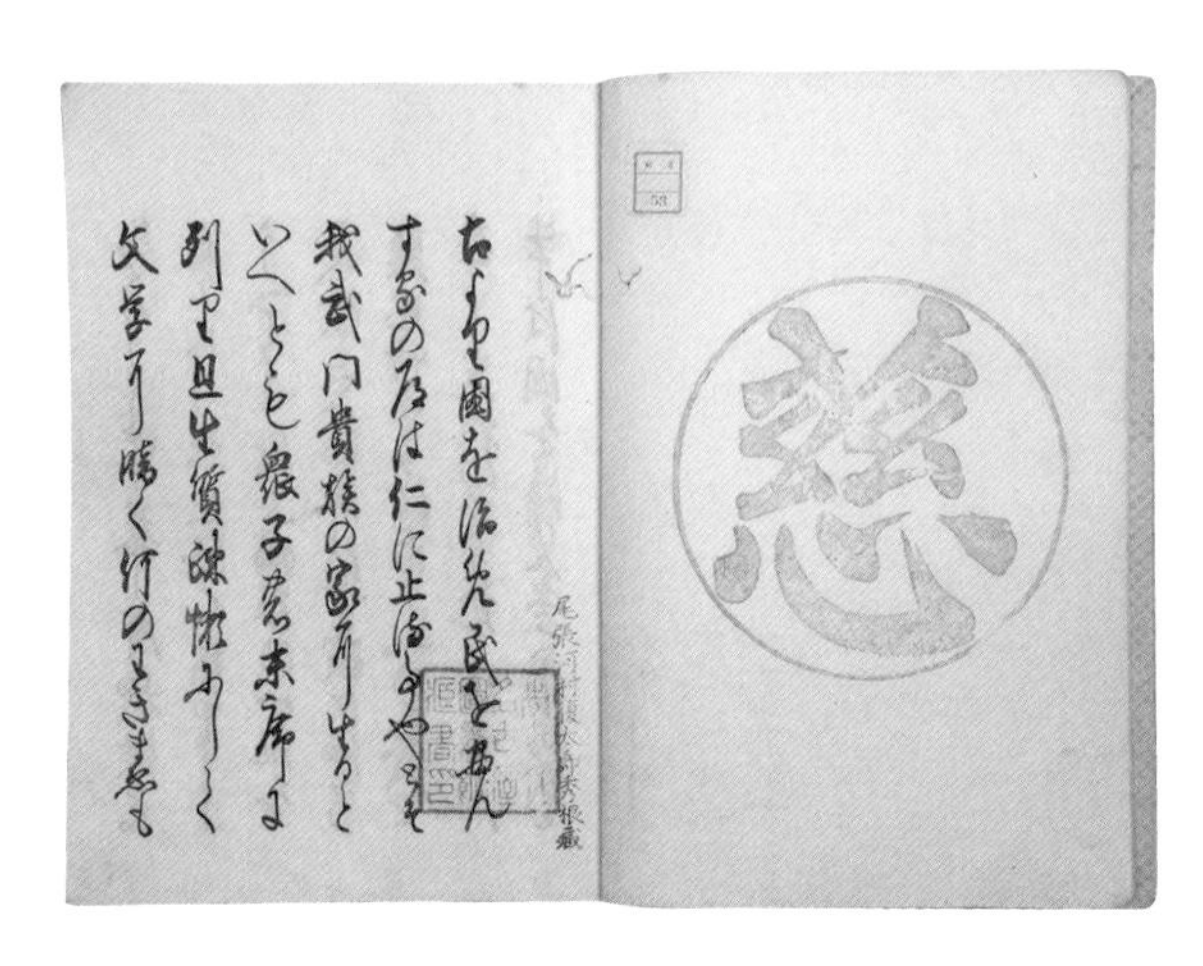

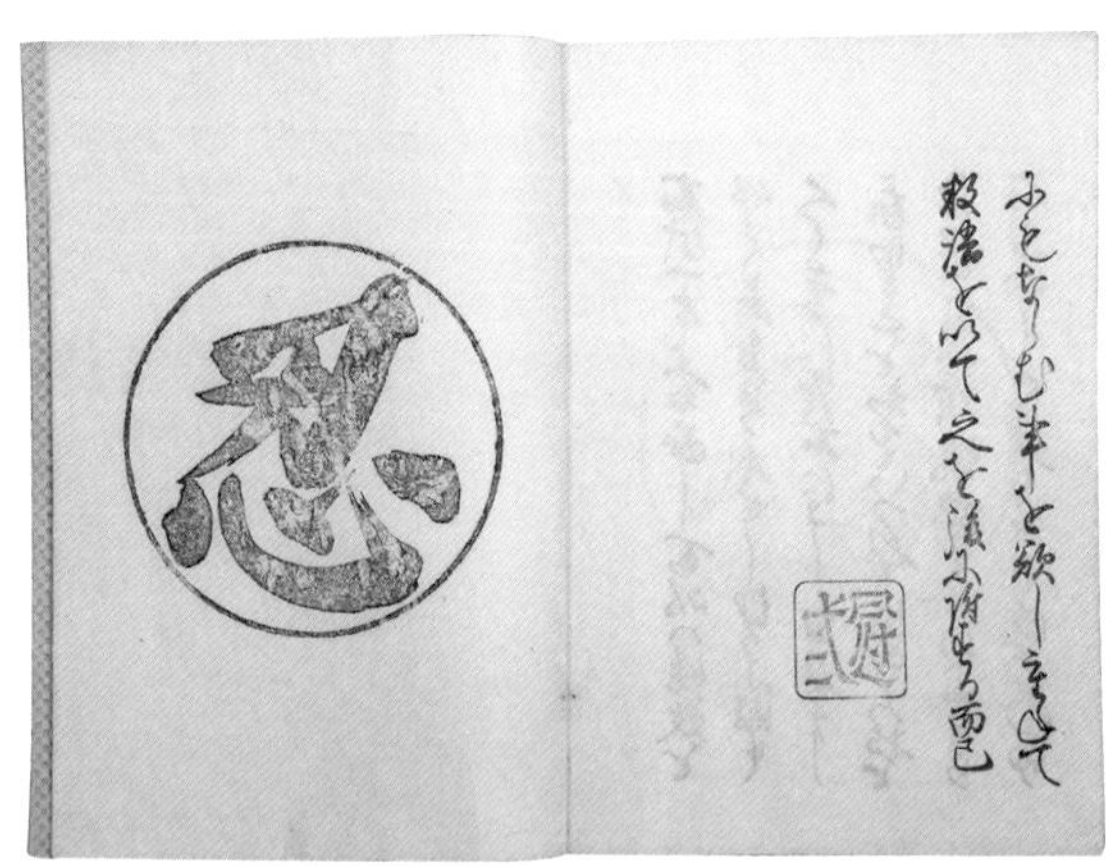

『温知政要』（名古屋市鶴舞中央図書館所蔵）

書名は『論語』の温故知新に由来。また、徳川家康の愛読書で、関ヶ原の戦いが始まる前の慶長5年（1600）に家康が出版させた、唐の皇帝太宗（たいそう）の政治問答集『貞観政要（じょうがんせいよう）』にもならっている。

いて他にない」とし、儒教の精神「仁」に基づいて思いやりある政治を行う、と決心を語っている。そして、その運用にあたっては書の巻頭に「慈」、巻末に「忍」の文字を刻み、慈悲と忍耐を掲げている。当時の身分制度のトップに立つ藩主としては画期的で、現代にも通じる思想と言えるだろう。

『温知政要』の中で宗春の慈悲深い人柄がうかがえるのが第3条だ。「人を罰するときは絶対に誤りのないように。極刑にいたっては取り返しのつかないことになるので、極力注意をすること」とし、宗春の治世では死罪は1件もなかった。また、第9条では「節約は大切だが、ただ節約するだけでは、いつのまにか無慈悲な政治になり、人々が苦しむことになる」、第8条では「法令が増えれば増えるほど、違反者も多くなる。法令を減らすと心が優しくなり、諸芸に励むことになる」という趣旨のことも述べている。宗春は人間の尊厳を何よりも大切に、実に先進的な政治理念のもと、名古屋の発展を目指したのだ。

華やかな芸どころを描いた『享元絵巻』。

宗春は名古屋に入った後、次々と政策を実行し、まず節約のために簡略化されていた名古屋東照宮祭を元の通りに復活させる。また、禁止されていた武士の芝居見物も許可し、これまでほおかむりして芝居見物をしていた武士たちは堂々と通えるようになった。こうして宗春の全盛期には、名古屋各地に約60もの芝居小屋が生まれ、歌舞伎・浄瑠璃・見世物の興行は、どこも大繁盛したそうだ。舞台

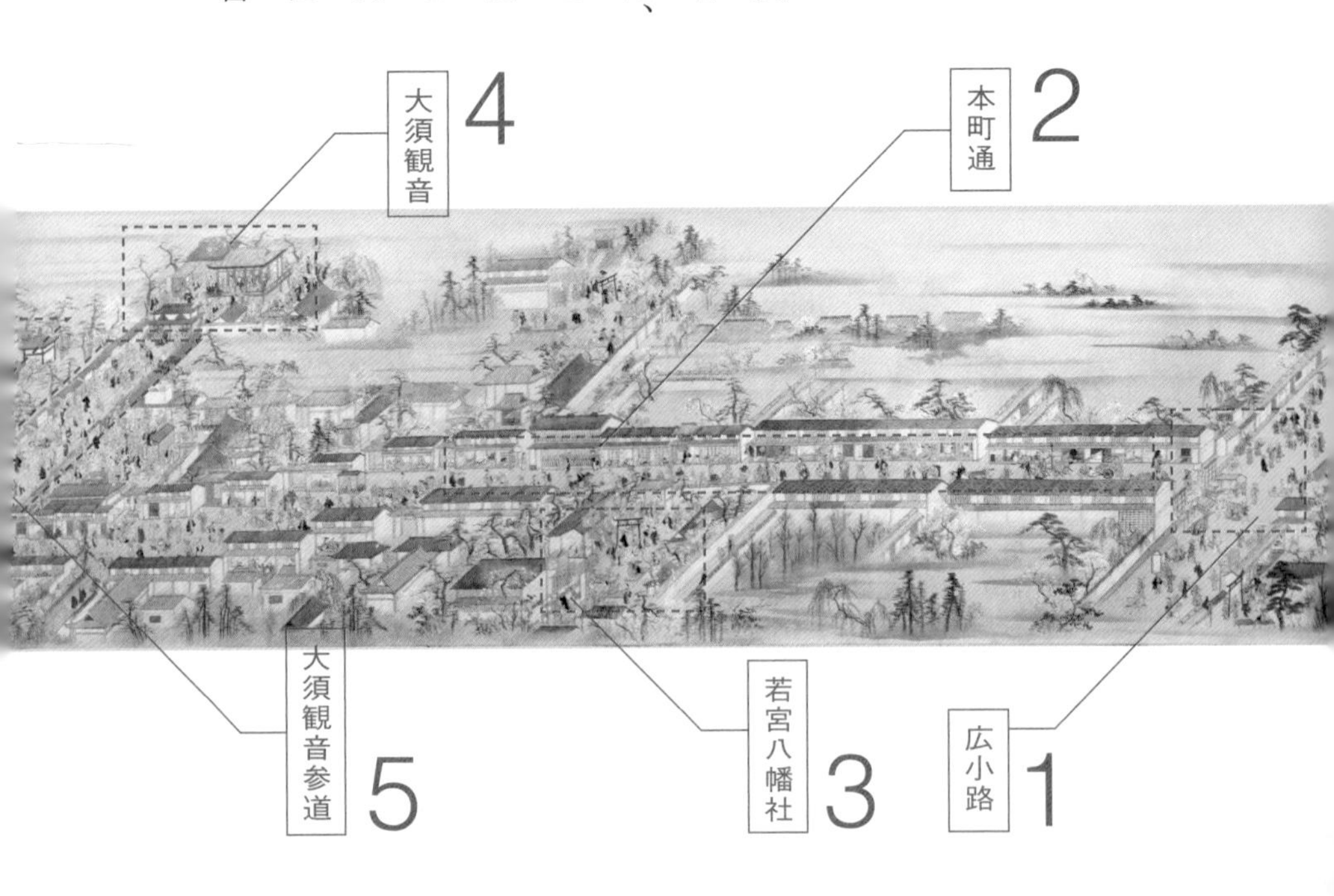

に水桶をつくって海に見立てて観客をアッと驚かせる演出をする小屋もあれば、富士見原遊廓では当時としては珍しく夜に芝居を行った。立派な劇場が常設され、各地をまわってきた上方の歌舞伎役者が「上方にも見られないほどだ」と感嘆したという。

この繁栄の背景には、宗春が3つの遊廓の新設を許可したこともある。享保の改革で不況のあおりをくらっていた江戸や上方の遊女が続々と名古屋に集まり、噂を聞いた旅人も名古屋を訪れ、ますます賑やかになった。評判は京にも届き、宗春の行動を趣向として取り込んだ『傾城夫恋桜』という歌舞伎が上演された。主人公は牛に乗って唐人笠をかぶり、長ギセルをくゆらせながら市中を巡る

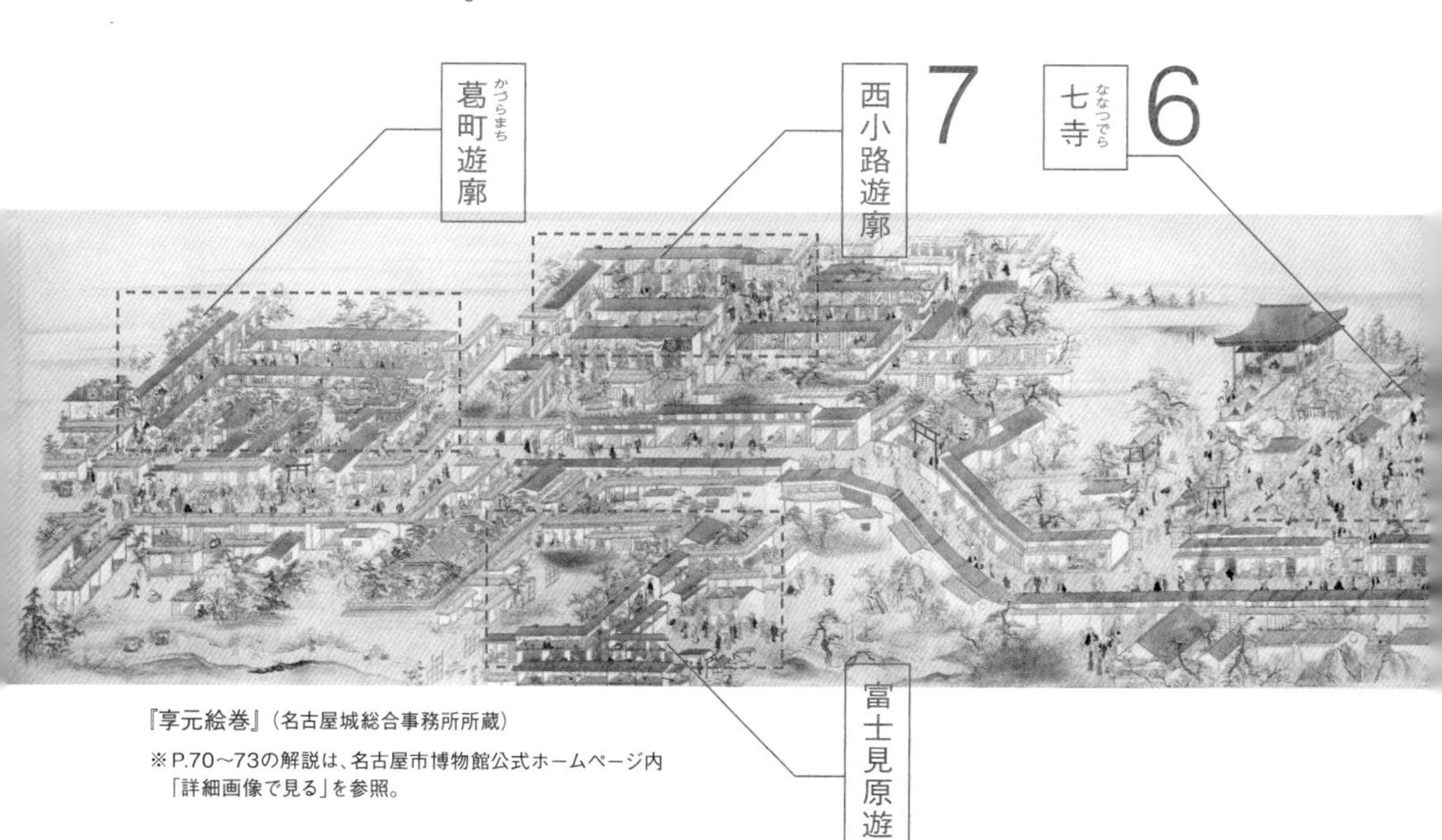

『享元絵巻』（名古屋城総合事務所所蔵）

※P.70〜73の解説は、名古屋市博物館公式ホームページ内「詳細画像で見る」を参照。

お殿様だ。

　規制緩和により経済活動をおおいに奨励し、「ものづくり・もの売り」の町を活性化させた宗春。そんな宗春時代の名古屋の繁栄ぶりを伝えるのが『享元絵巻』だ。長さ372センチ×幅56・5センチの絵巻には、北は広小路から南は葛町（かづらまち）まで本町通を中心に、芝居の看板や見世物小屋、商店、イキイキとした人々の様子が極彩色で描かれている。

　当時の城下の様子や宗春の逸話は、『ゆめのあと』※と総称される65点の書によってもたどることができる。若宮八幡宮の門前には、田楽やうなぎの草摺焼（くさずりやき）などを出す飲食店が軒を連ね、幾世餅（いくよ）、姥（うば）が餅などさまざまな食べ物が売られていた。当時、既に伊勢の赤福

1 広小路

経済活動の中心となる碁盤割を過ぎると、城下の盛り場、南寺町への入口。三宝に乗る軽業の大道芸人も描かれる。「来ルニ日大須ニテ芝居仕候」など、大須観音などでの芝居や見世物の興行を示す立札や絵看板が描かれている。

餅も売られており、貴重な砂糖がたくさん入っていると評判を呼んだようだ。赤福餅を売る店の看板には、上から「餅くふかあ」の文字が書かれていたとか（下から読むと！）。城下の人々の遊び心が伝わってくるようだ。

　日本中が享保の改革による不況で苦しんでいるときに、唯一、好況に沸いた尾張藩だったが、元文4年（1739）、幕閣らとの対立により宗春は隠居して謹慎することになった。隠居後、宗春は表舞台に戻ることはなかったが、吉宗から拝領した朝鮮人参を栽培したり、三の丸屋敷や御下（おした）屋敷で書画や茶器の製作をしたりと人生を自由に楽しんだようだ。名古屋の人々は宗春のことを慕い、『ゆめのあと』にその功績を記している。「老若男

2　本町通

江戸時代の名古屋城下のメインストリート。名古屋城から熱田方面へ南下する道。広小路から若宮八幡社までは商家が建ち並び賑わった。また、若宮以南の寺社地、さらに南の遊廓には芝居小屋が目立つようになる。

女を問わず、武家も町人も庶民も、こんな面白い時代に生まれることができたのは、前世のご利益だろう」という言葉からも、いかに宗春が愛されていたかがわかる。また、宗春の謹慎後、中止されていた歌舞伎公演がわずか5年後には再開された。宗春が火をつけた名古屋の人々の芸能への情熱は、この後も消えることなく受け継がれている。先進的な政策で城下を盛り上げた風変わりな殿様は、今に続く芸どころ名古屋の基盤を築いたと言えるだろう。

※**【ゆめのあと】**
宗春の事跡や城下の町の様子を記した65点に及ぶ写本。出来事を年月日順に記したものや名古屋の町の案内、それらが合体したものなどがある。『遊女濃安都(ゆめのあと)』『三廓細見記(さんくるわさいけんき)』『享保尾事(きょうほうびじ)』など、さまざまな題名を持つ。

3 若宮八幡社

境内には芝居小屋四棟が描かれる。左手前の小屋は規模が大きいことから、興行によって、大小の小屋を使い分けていたことが推測できる。

4 大須観音

芝居や見世物で賑わった盛り場の一つ。境内には芝居小屋の櫓が建つが、本堂、仁王門など、本町通(東)側を向いて配置されており、現在の南向きとは異なる。

5 大須観音参道

見世物小屋が建ち並ぶ。芝居小屋と異なり、薦(こも)がけで常設ではない日小屋の形態である。肩の上に立って芸をする人馬という曲芸が描かれている。この他、軍書講談や曲芸、鼠猫犬など動物の見世物小屋が描かれている。

6 七寺

芝居や見世物で賑わった盛り場。大須観音同様、本堂は東向きに配置される。境内には芝居小屋の櫓が建ち、太鼓を打つ者の姿が見える。三重塔手前には軽業の見世物小屋も描かれる。

7 西小路遊廓 富士見原遊廓 葛町遊廓

徳川宗春によって公認された遊廓。芝居小屋が描かれるほか、茶屋で遊ぶ客と遊女らの姿も見られる。(画は西小路遊廓)

名古屋心中と豊後節。

宗春の時代、世間をおおいに賑わせた出来事があった。享保18年（1733）、闇之森（くらがりのもり）八幡社（現 中区）で遊女小さんと畳屋喜八が起こした心中未遂事件だ。当時は幕府の法令により心中未遂者は厳しく罰せられるのが常。しかし、この二人は3日間、短時間さらし者にされただけで3日目はその日のうちに親元へ返され、後に結婚して男の子が生まれたという。人間性を重んじた宗春の温情ある計らいだった。

この事件は名古屋心中と呼ばれて大評判になり、ちょうど名古屋に滞在していた宮古路豊後掾（みやこじぶんごのじょう）※は早速、新作浄瑠璃をつくる。黄金薬師（現 中区円輪寺）の初演には、大岡（おおおか）越前守（えちぜんのかみ）が享保8年（1723）に出した新作心中物禁止令を破っての上演とあって、広小路が狭小路になったと言われるほど人々が詰めかけ大当たりとなった。この作品を引っさげて豊後掾は江戸へわたり、中村座などでも上演。大成功をおさめ、豊後節は江戸で爆発的に流行した。豊後掾の背後に宗春がついていたためか、禁止令を破っての上演はしばらく続いていたが、元文4年（1739）に宗春が失脚すると豊後節も全面禁止になる。

ただ、豊後節からは新内節（しんないぶし）と、歌舞伎や舞踊に欠かせない常磐津節（ときわずぶし）が生まれ、常磐津節からは富本節（とみもとぶし）、また富本節からは清元節が生まれた。宗春治世の名古屋が、今に続く伝統芸能の出発点となったのだ。

※【宮古路豊後掾】江戸中期の浄瑠璃太夫で、豊後節の始祖。

闇之森八幡社

『睦月連理椿』（むつまじきれんりのたまつばき）
東洋音楽学会編『日本・東洋音楽論考』（名古屋市鶴舞中央図書館所蔵）より
名古屋心中を題材にした豊後掾の大ヒット作。遊女と客の悲恋を描いたこの作品が、豊後節の人気を決定的なものに。

この事件、別の面から見れば、職人が遊廓に出入りできるほど豊かだったということ。宗春の政策によって名古屋の経済が盛り上がり、町人も贅沢できたことがうかがえますね。

猿猴庵（えんこうあん）が描いた、名古屋城下の賑わい。

名古屋城下では殿様はもちろん庶民も芸能を愛し、さまざまな芸能が発展した。二代光友が芝居小屋の設置を認めると、その後、名古屋城下には五芝居と呼ばれる5つの芝居の場所ができ、歌舞伎や浄瑠璃が上演され、名古屋を拠点とする芝居の一座も生まれた。宗春の時代には芝居小屋が林立し、名古屋の芝居は隆盛期を迎える。宗春の失脚とともに芝居は全面禁止となるものの約5年で復活の兆しを見せ、たびたび禁止されても息を吹き返し、文化初年（1804）には五芝居が全面的に復興する。

そんな享保以降の芸どころ名古屋の賑わいを伝えるのが、高力種信（こうりきたねのぶ）（号 猿猴庵）による『猿猴庵日記』だ。猿猴庵は尾張藩士で朝日文左衛門と同じく記録魔だった。17歳からつけ始めた『猿猴庵日記』をはじめ、『尾張年中行事絵抄（ねんじゅうぎょうじえしょう）』、挿絵を描いた『尾陽戯場事始（びようぎじょうことはじめ）』など100を超える著作を残している。そこには名古屋の人々が楽しんだ祭りや芝居などが挿絵を交えて詳細に記録され、江戸中・後期の名古屋城下の風俗を教えてくれる。

また、東西の中間という地の利から、文政から天保年間（1818-44）には江戸・京都・

大坂の噺家が続々と名古屋に立ち寄り、寄席の興行が盛んに行われた。ほかにも辻能、講談、物真似、軽業、見世物も人気を集め、尾張藩の下級武士だった小寺玉晁の『見世物雑志』には、その様子がユニークに描かれている。

簡板人形之図 『新卑姑射（しんひごや）文庫 初二編』（名古屋市博物館所蔵）より

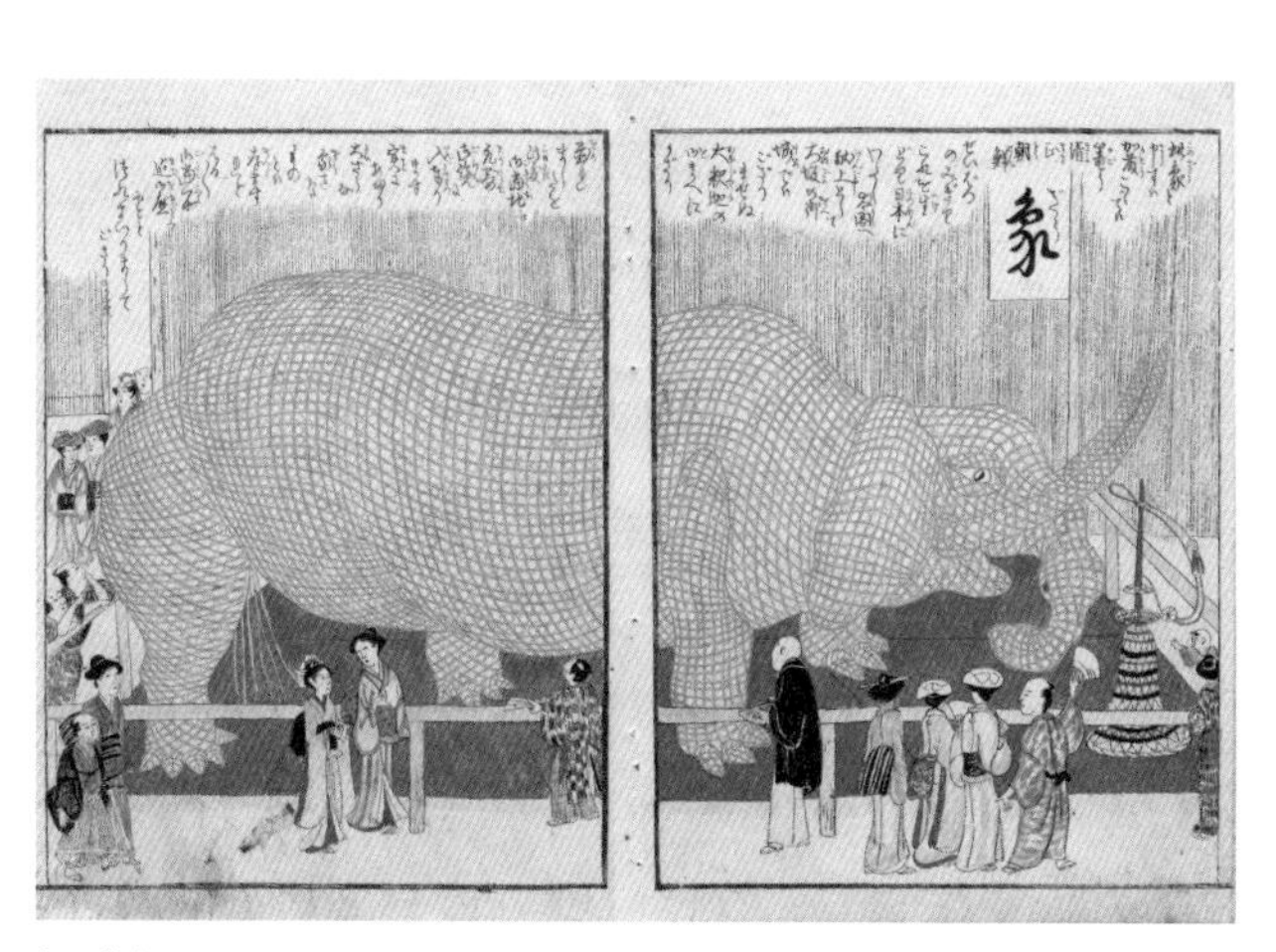

象の籠細工 『新卑姑射文庫 初編』（名古屋市博物館所蔵）より

『猿猴庵日記』

猿猴庵は「浮絵（うきえ）（遠近法の一種）」の技法を取り入れて、祭りや見世物、名所などを描いた。著作は貸本屋「大惣（だいそう）」に置かれ、人々に愛読された。

獅子・鴛鴦(をしどり)の籠細工 『新卑姑射文庫 初編』(名古屋市博物館所蔵)より

駱駝登場 『絵本駱駝具誌（らくだぐし）』（名古屋市博物館所蔵）より

大名から農民まで、名古屋人は抹茶好き。

今や名古屋の喫茶店文化は全国的にも有名だが、実は日常的に抹茶を楽しみ、茶道を習う人も多い。そんな名古屋の茶道の源流は、尾張藩初代義直の頃にさかのぼる。義直は清須城から名古屋城内に古田織部作の猿面茶席を移築し、多くの茶人を召し抱えた。その後も歴代藩主が茶の湯を好み、尾張徳川家では織田信長の弟・織田有楽斎が創始した有楽流のほか、千家流も行われた。

一方、城下では京で千家流を学んだ茶人が戻り、名古屋の流派・松尾流が生まれるなどして、町人の間でも茶道が広まる。文化文政期には過熱と言えるほど茶事が流行し、文政12年（1829）には禁止令まで出されるほどだった。もちろん、それで熱が冷めるはずもなく、茶の湯は広く浸透していく。そして名古屋では裕福な商家には茶室が設けられ、農民も野良仕事の間に一服するという具合に、抹茶を飲む習慣ができていった。

これだけ抹茶が愛されると、お茶請けのまんじゅうの需要も増える。名古屋随一の老舗「両口屋是清」は、寛永11年（1634）に大坂から初代が移住してきて、二代目から尾張藩御用達を務めてきた。また、初代義直

猿面茶席（写真提供：名古屋城総合事務所）

名古屋城築城の際、古田織部の意匠により、清須城の古材を利用して建築されたと伝えられる。織田信長が清須城にいた頃、床柱の節目が「猿の顔」に見えたため、木下藤吉郎（豊臣秀吉）に「汝の面の如し」といって戯れたと伝えられ、いつしか「猿面」と呼ばれるようになった。明治維新後、移築され戦災により焼失したが、現在は城内に復元されている。

の名古屋入りに伴い駿河からやってきた「桔梗屋」もまんじゅうを納めてきた（明治末年に廃業）。ほかに『尾張名所図会』に描かれた川口屋をはじめ、不老園や美濃忠、松河屋老舗などが暖簾を守り、名古屋は今なお和菓子どころだ。

また、お茶席には花が欠かせないが、名古屋では始祖の是心軒一露（ぜしんけんいちろ）が滞在したことから松月堂古流が広まり、その後も多くの流派が受け入れられた。茶道とともに華道もお稽古事として盛んに行われている点も、名古屋の特長だろう。

古渡川口屋飴店 『尾張名所図会 前編 巻1 愛智郡』（国立国会図書館デジタルコレクションより）

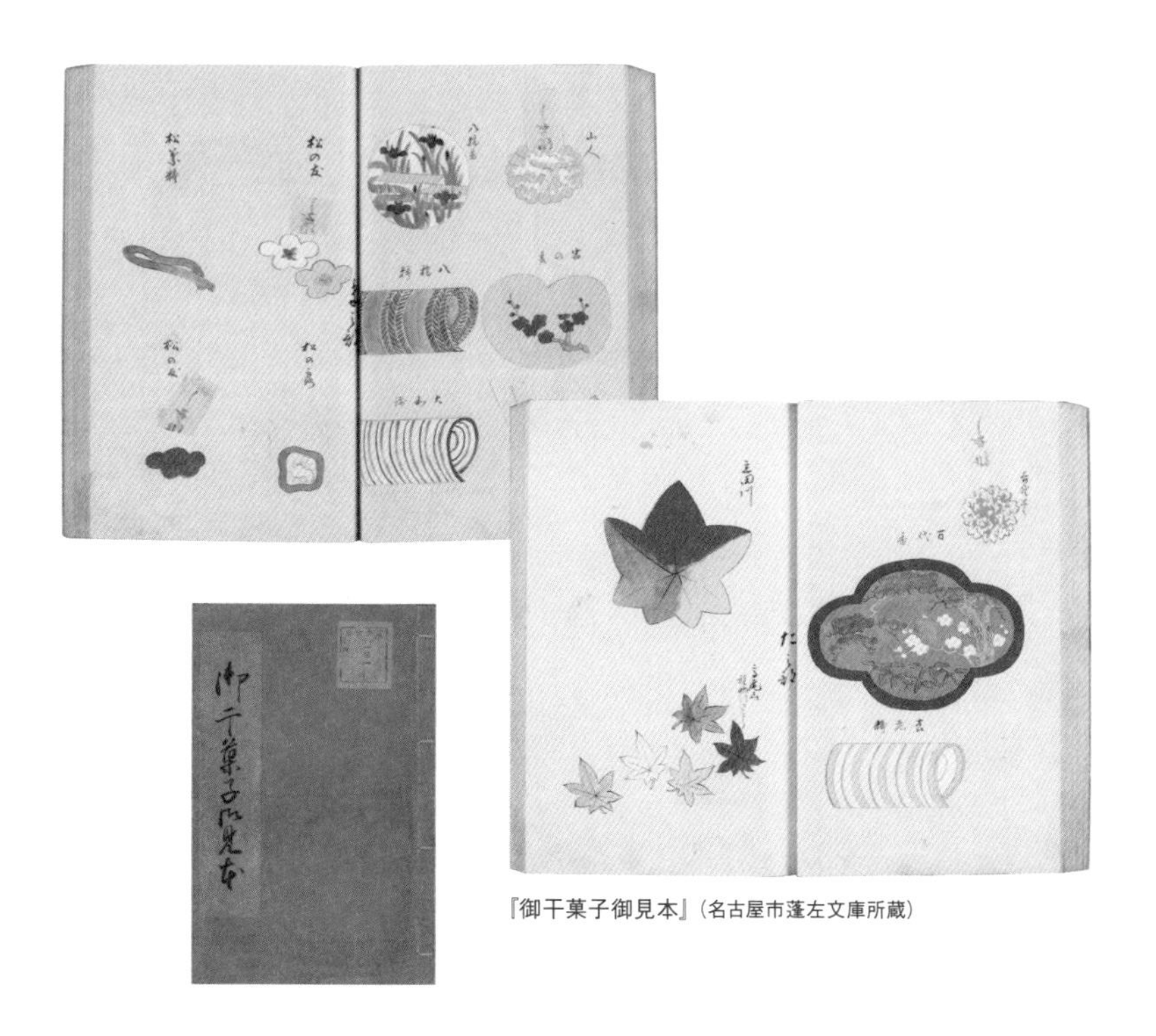

『御干菓子御見本』（名古屋市蓬左文庫所蔵）

江戸時代の両口屋是清をイメージして描かれたもの（両口屋是清所蔵）

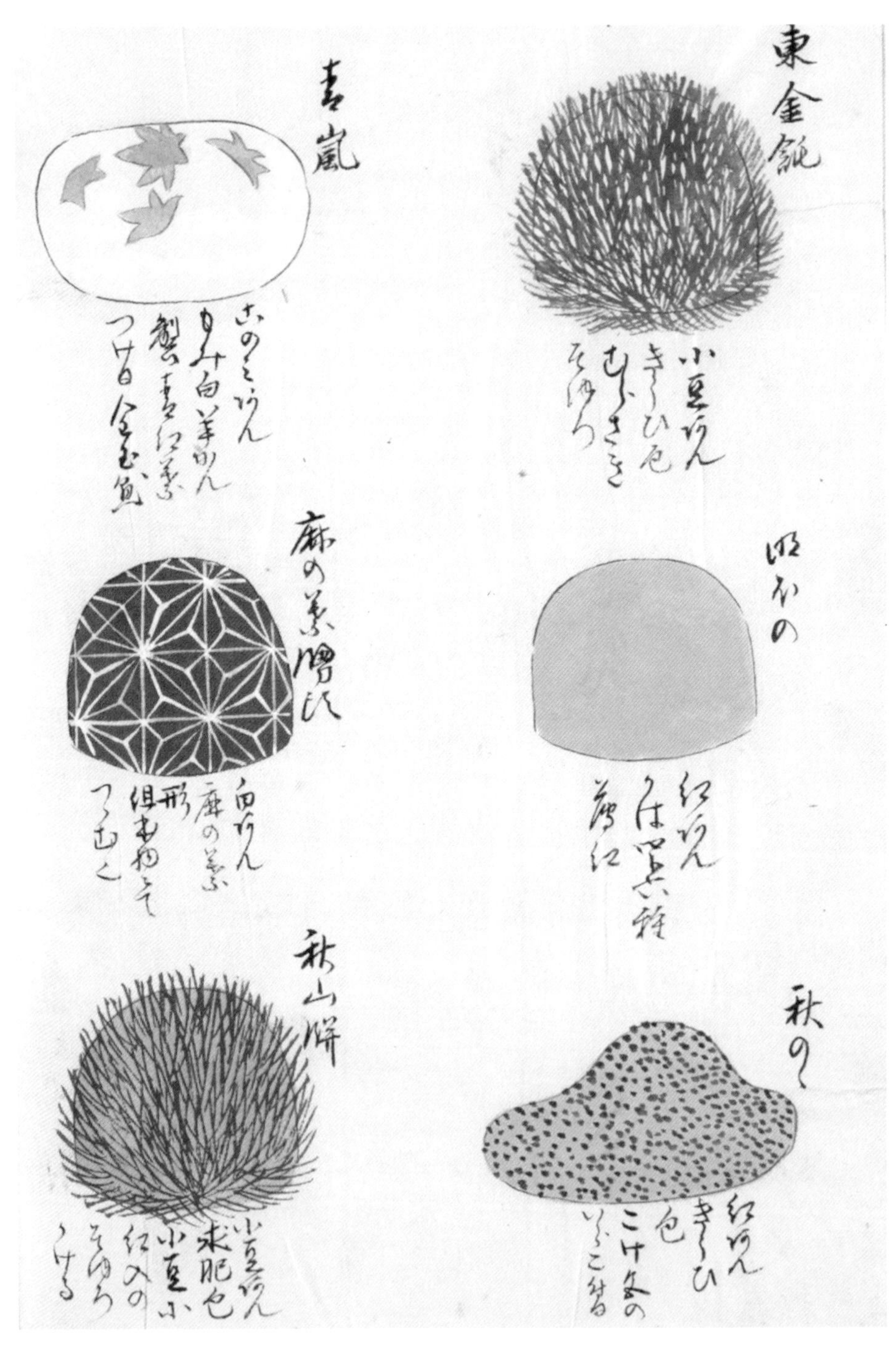

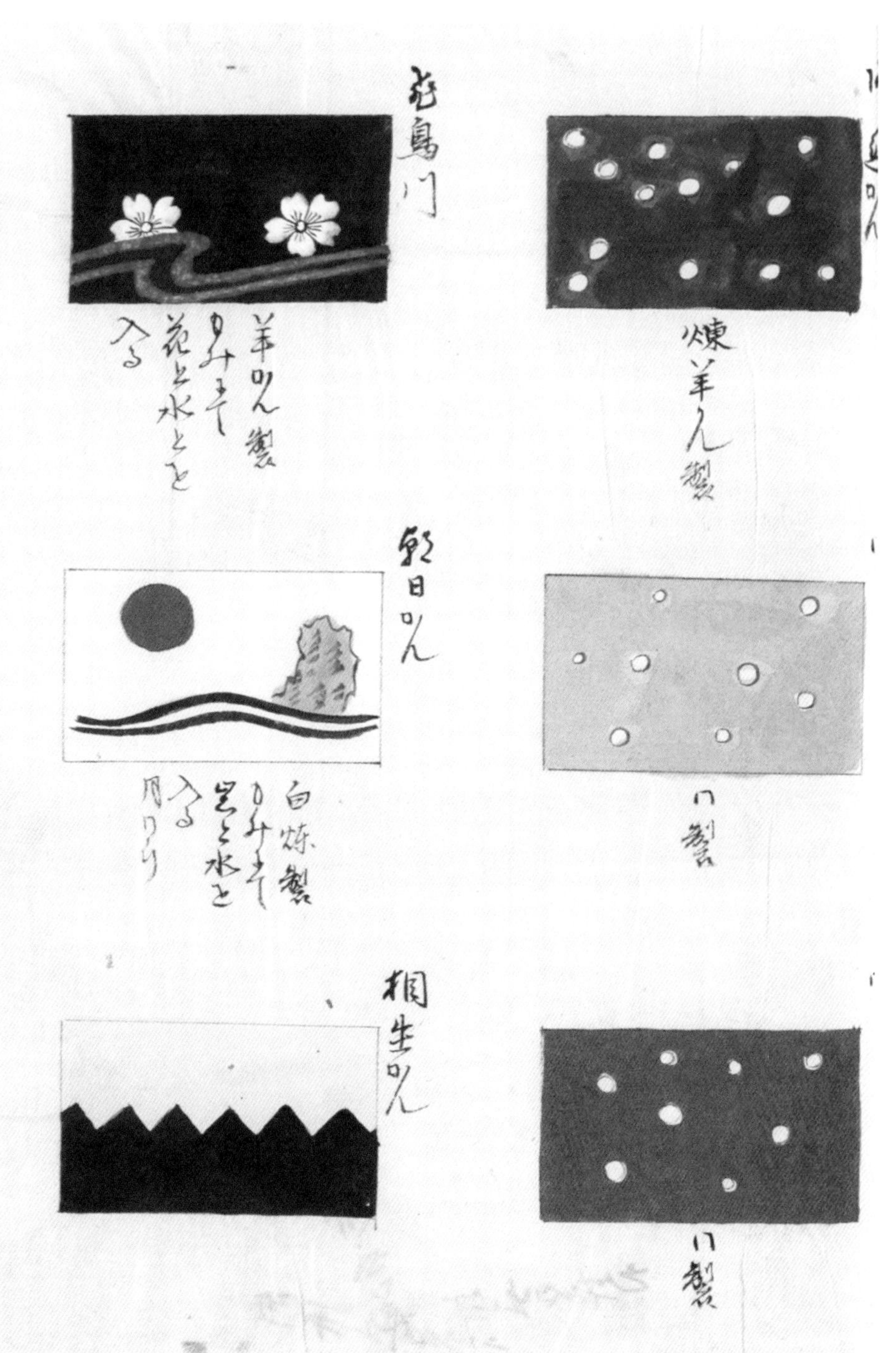

『御蒸菓子御見本』（名古屋市蓬左文庫所蔵）

今なお語り継がれる、平曲。

平曲は琵琶の伴奏に合わせて琵琶法師によって語り継がれてきた芸能。尾張藩では、もともと平曲を好んでいた初代義直が、湯治に出かけた有馬温泉で前田検校九一の平曲を聞いて以来、代々の藩主が平曲を好んだ。その後、琵琶法師だけでなく武士も文人も平曲を好んで習うようになり、九代宗睦の招きで名古屋にやって来た荻野検校知一は正当なる平曲を伝えようと、安永5年(1776)『平家正節』をまとめあげた。平曲はもともと盲人の専業で師弟の間で口伝されてきたものだが、『平家正節』によって、より正確に平曲が伝わるようになった。

また、尾張に生まれた吉沢検校審一(二代目)※は平曲だけでなく、名古屋の雅楽家・羽塚秋楽に雅楽をも学び、古今調子・半楽調子といった箏の新たな調弦法を考案。箏の組歌『古今組』『新古今組』などを作曲した。吉沢検校の作曲した『千鳥の曲』は雅楽を巧みに取り入れた傑作である。

時代が変遷する中で、現在名古屋では、全国でただ一人平曲の正統な継承者として、今井検校勉が演奏活動を行っている。これも芸能を愛し、稽古事に熱心な人々が多い

名古屋の風土が支えてきたからこそと言えるだろう。

※平野健次説

尾張では藩主が平曲を重んじたので、藩士にも平曲を習う者が多くあり、横井也有（やゆう）のような名人もいたんですよ。

荻野検校肖像画（絵：法橋有景 尾﨑正忠所蔵）

名古屋で生まれた、伝統の歌「どどいつ」。

「どどいつ」というと江戸の歌と思う人も多いかもしれないが、実はそのルーツは熱田にある。東海道の宮宿として栄えた熱田は、神戸町や伝馬町に宿屋が並び、築出（鳴海からの入口に当たる）には「鶏飯屋」という茶屋があった。そこの仲居「おかめ」が人気を集めて店が繁盛したため真似をする店が続々とでき、いつしか茶屋の仲居のことを「おかめ」と総称するようになった。

享和から文化年間（１８０１-１８）の頃、東西交通の要衝だった熱田には江戸から「潮来節」が、上方から「よしこの節」が入ってきた。いずれも七七七五調の歌で、それらを「おかめ」のお仲がアレンジした新作の歌は「神戸節」と呼ばれて流行した。その歌詞の中に次のような一節がある。

おかめ買ふ奴　天窓で知れる
油つけずの二つ折れ　其奴は
どいつじゃ　どいつじゃ
どどいつどいどい

「どどいつ」とは、この末尾の囃子文句がなまって生まれた名だという。神戸節を歌ったお仲は声が良く、生涯「どどいつ」を歌い、幕末まで人気があった。

江戸で「どどいつ」が流行ったのは、天保9年（1838）に都々逸坊扇歌が江戸の寄席に出演してからのことだ。それより前、文化12年（1815）刊の『四編の綴足』※には

どゞいつぶし
〽宮の宿から雨古わたり
ぬれていくぞへ　名古や迄

とあり、既に名古屋にどどいつがあったことがわかる。今日では、熱田に発祥の碑が建てられている。

さらに名古屋では、酒席の歌として名古屋甚句が明治時代に大流行し、今も芸妓たちによって受け継がれている。甚句の発祥は定かではないが、文化年間（1804–18）の頃には熱田の茶屋の仲居たちによって歌われていたようだ。

※【四編の綴足】
『東海道中膝栗毛』の弥次郎兵衛・喜多八が名古屋見物をしたという設定で書かれた書。

姥堂・裁断橋
『尾張名所図会 前編 巻4 愛智郡』
（国立国会図書館デジタルコレクションより）

現在、復元された裁断橋の隣に「都々逸発祥の地」の碑が建つ。

名古屋甚句

『名古屋名物』

〽名古屋名物
おいてちょうだゃあもに
すかたらんに　おかゃあせ
ちょっとも
だちゃかんと
ぐざるぜぇも
そうかゃも　そうかゃも

LET'S DANCE.

一
前弾き

二
名古屋名物

三
おいてちょうだゃあもに
すかたらんに

七
そうかゃも　そうかゃも
なんだゃあも
いかゃすか　おかゃすか
どうさゃあす

八
おまゃはま　このごろ
どうさゃあた

九
どこぞに姫でも出来せんか
出来たら出来たと
いやあせも

なんだゃぁも
いかゃすか　おかゃすか
どうさゃぁす
おまゃはま　このごろ
どうさゃぁた
どこぞに姫でも出来せんか
出来たら出来たと
いやあせも
わたしも勘考(かんこ)が
あるわゃぁも
おそがゃぁぜぇも

十
わたしも勘考が
あるわゃぁも

十一
おそがゃぁ

十二
ぜぇも

十三
後弾き

やわらかく温かな名古屋ことば。

名古屋甚句『名古屋名物』には、「名古屋ことば」が使われている。名古屋ことばの魅力は、やわらかく温かみがあり、相手に対して丁寧でおおらかである点。また、江戸時代からの共通語や京言葉が、今なお残っていることも特徴だ。

身分や地域によって、名古屋ことばは「武家言葉」「上町(うわまち)言葉」「下(しも)の言葉」の大きく3つに分けられる。「武家言葉」は武士やその家族の言葉で、江戸の各藩邸では外交語と

名古屋ことばの特徴

①「さま」がつく上品な言葉
にいさま、おっさま
［共通語］おにいさん、和尚さん

②古語が生きている
おいてちょうだゃぁ
［共通語］やめてちょうだい

③京言葉が入っている
ようけ（余慶）
ぎょうさん（仰山）
［共通語］たくさん

して名古屋ことばを重んじていたという説がある。上町言葉は、広小路通（ひろこうじどおり）より北の碁盤割の町に住む商人・職人の言葉で、語尾に「えも」「なも」「あそばせ」などをつける丁寧で上品な話し方だった。「下の言葉」は、広小路通より南の町で使われており、やはり「えも」「なも」を語尾につけた。また、武家言葉の「ござる」「ご無礼」などはどの階層でも使われ、今の名古屋で使われている「ことば」にも生きている。

④あそばせ言葉

ごまゃぁすばせ

［共通語］ごめんください

⑤武家言葉

ご無礼します

［共通語］失礼します

ござる

［共通語］いる、来る、です

踊りも香りも、今も続く芸の道。

江戸後期、尾張藩の武家の子は踊りを学ぶ者が多かった。その伝統を受け継ぎ、名古屋では現在も舞踊が盛んで各流派が活動している。中でも名古屋に本拠を置き、全国規模の団体へと成長したのが名古屋西川流だ。

江戸に生まれた初代西川鯉三郎が初めて名古屋を訪れたのは天保7年（1836）のこと。舞踊興行に出演し、後に名古屋で常磐津節の一大勢力を築いた初代岸沢式治（きしざわしきじ）と共演している。天保12年（1841）、江戸から名古屋へ移住した鯉三郎は、芸人の支援に熱心だった小島弥兵衛（やひょうえ）を介して式治と連携。式治がつくった常磐津曲を中心に、能・狂言をもとにした舞踊曲も取り入れ、幕末から明治にかけて独自の踊りの世界を切り拓いた。これが現在まで続く名古屋西川流の礎となっている。もちろん、花柳界も舞踊などの伝統を継承してきた。名古屋には現在も舞妓、芸妓がおり、お座敷や舞台などで日本舞踊や三味線、唄などを披露している。

もう一つ、名古屋で脈々と受け継がれてきた芸道と言えば、志野流香道だ。志野流は室町時代、足利義政の近臣だった志野宗信（そうしん）によって京で生まれた。四代目を蜂谷宗悟（はちやそうご）

初代西川鯉三郎肖像（写真提供：西川流四世家元・西川千雅）

芸妓の舞（写真提供：名妓連組合）

聞香（写真提供:志野流香道松隠会）

香席風景（写真提供:志野流香道松隠会）

が継いで以降、蜂谷家が家元を継承。元治元年（1864）、禁門の変※が起きると、蜂谷家は名古屋に住まいを移した。尾張藩では尾張徳川家に約2,600点の香木が伝わり、藩士だけでなく町人にも香道が広がった。志野流入門帳によれば、享保から弘化年間（1716-1848）までの約130年間に武士が200名余り、町人が1,200名余り入門したという。現在は二十代家元が伝統を守り継いでいる。

※【禁門の変】長州藩が会津藩主らを排斥するために起こした武力衝突。京都御所のあたりが激戦地となった。

式治は、その才能を認める周りの人々の支援によって、江戸の岸沢式佐（しきさ）のもとで常磐津を学び、名古屋に戻ってから常磐津を教えました。弥兵衛は、家に舞台があるほどの芸能好きで芸人たちのパトロンだったとか。香の蜂谷家が名古屋に移ってきたときも、尾張の人々が支えたとされています。名古屋が芸どころとして栄えたのは、教える人と習う人、支える人がバランス良く揃っていたからなんですね。

名古屋の本屋が北斎ブームの仕掛け人？

名古屋城下に本屋が登場したのは17世紀の終わり頃。全国に名を馳せた名古屋の本屋と言えば、松尾芭蕉が訪れ、明和２年（１７６５）に本格的に出版業も始めた風月堂と、安永９年（１７８０）頃に創業し『古事記伝』『北斎漫画』の出版で知られる永楽屋（えいらくや）だ。この２軒は曲亭馬琴（きょくていばきん）の随筆にも名前が出てくる。

当時の本屋は本の出版も行っており、企画力も重要だった。文化11年（１８１４）に発行された『北斎漫画』の下絵は、葛飾北斎（かつしかほくさい）が

北斎大画即書引札（名古屋市博物館所蔵）

弟子の尾張藩士の家に滞在中に描いたとされるが、北斎を招いたのは永楽屋をはじめとする名古屋の有力出版者たちだ。永楽屋は、後に名古屋西掛所（かけしょ）（西本願寺別院）での北斎の大達磨制作のパフォーマンスも企画し、北斎ブームを引っ張った。

また、享和2年（1802）、弥次喜多道中としておなじみの十返舎一九（じっぺんしゃいっく）の『東海道中膝栗毛』が出ると、名古屋の作家たちも名古屋名物を織り込んだ独自の『膝栗毛』物を書くようになる。一九と名古屋の作家、本屋とは深い交流があり、『四編（しへん）の綴足（とじたし）』には一九も登場し、本屋の面々と連れだって飲み歩く姿がユーモラスに描かれている。

『名護屋見物 四編之綴足』（名古屋市蓬左文庫所蔵）

東花元成（とうがのもとなり）の作。名古屋の本町で一九と出会う弥次・喜多が描かれている。

武士も精を出した、名古屋のものづくり。

現代の名古屋に伝わる伝統産業の多くは、江戸時代に発達した。その一つ、有松・鳴海(なるみ)絞りは、慶長13年(1608)に尾張藩が東海道の整備のためにつくった有松村から生まれたものだ。当初は旅人相手に手ぬぐいを売っていたが、寛永年間(1624-43)に紅染絞り、蜘蛛絞りといった色染やくくりの新しい技法が開発されると知名度が上がり、二代光友が徳川綱吉へ将軍就任の祝いに有松絞りの手綱を贈ったことで全国的に有名になる。有松絞りの開祖の流れを汲む竹田嘉兵衛家の資料によると、諸大名は参勤交代で有松村を通る際に好みの品物を注文していたようで、細かいオーダーにも応えられる高度な技術力があったことがうかがえる。

また、伝統産業の発展には尾張藩の武士たちも貢献している。他藩ではあまりないことだが、尾張藩では「職芸」として下級武士の副業が公認され、彼らは大工や桶師などさまざまな職業に就いてきた。下級武士が住んでいた西区のあたりでは内職として扇子づくりが行われ、現在も名古屋は京都と並ぶ扇子の二大産地となっている。ほか

名古屋扇子
（写真提供：株式会社末廣堂）

有松絞り

盆提灯（写真提供：名古屋伝統産業協会）

『富嶽三十六景 尾州不二見原』

（公益財団法人アダチ伝統木版画技術保存財団）

この絵からわかるのは、名古屋では木桶づくりが盛んだったということだ。木曽からいい木材が手に入り、いい桶がつくれるからこそ、名古屋や岡崎などでは、味噌、酒、酢などの醸造文化が発展した。

にも木桶や提灯の製造が盛んになったのは、尾張藩の領地だった木曽の森の木材が手に入りやすく、和紙の産地に近かったことも大きい。

明治以降も名古屋では、手工業の製品がつくられてきた。その多くが江戸時代から続くもので、昔と変わらずものづくり文化が継承されてきたことを示している。

有松絞店 『尾張名所図会 前編 巻6 知多郡』(国立国会図書館デジタルコレクションより)

あの味を支える、尾張の醸造文化。

江戸時代、尾張では醸造文化が豊かに広がり、一般的に赤味噌と呼ばれる豆味噌、たまり、酒、酢などの一大産地となった。

大豆と食塩、水だけを原料に長期間熟成させてつくる豆味噌は、味噌の中でも最も歴史が古いとされ、桶狭間の戦いでは徳川軍の「戦陣にぎり」として、味噌が兵士の食糧になったと言われている。もちろん、味噌おでんや味噌煮込みうどんなど、今も名古屋の食文化には欠かせない調味料だ。たまりは、この豆味噌をつくる過程で、にじみ出た液体だけを取り出したものが始まりとされ、きしめんのつゆやうなぎの蒲焼きのたれなどにも使われている。

二代光友が酒造りを奨励し、名古屋城下、尾張藩内の酒造業が急速に発展した。特に木曽三川や矢作川などの清流の伏流水、良質な原料米、海運にも恵まれた知多半島には蔵元が集中。多くの酒が江戸へ運ばれ、灘の酒と消費量を二分したほど江戸の人々に愛された。また、この酒造りの過程で出る酒粕を利用して粕酢をつくり、江戸で売ったのも知多の酒蔵だ。文化元年（１８０４）の頃、江戸では握り寿司の原型となる早ずしが人気を集めていたが、この粕酢が早ずしによく合うと評判になり、江戸前寿司は大ブームとなる。

延元2年（1337）創業の味噌蔵、寛文5年（1665）創業の酒蔵、文化元年（1804）創業の酢蔵と、現在もこの地域では老舗の蔵が活躍し、伝統の醸造文化を全国へ、世界へと発信している。

今の一般的味噌おでん

近現代

急速に近代化し、
大都市へと発展した名古屋。
現代になっても、
芸事が好きな人々の気質は変わらない。
伝統芸能に新しい芸術文化も加わって
芸どころ名古屋は、次の時代へ向かっている。

明治30年開場当時の御園座（写真提供：株式会社御園座）

明治維新を乗り越えて、近代都市へ。

明治維新によって徳川の時代が終わると、明治４年（１８７１）、廃藩置県によって新しい「名古屋県」が誕生する。幕末から明治にかけての混乱期、尾張藩は初代義直以来、歴代藩主が守り伝えてきた「何かあれば天皇を守れ」という藩訓に従い、江戸城へ向かう官軍を通した。その結果、人も町も戦いに巻き込まれることなく、名古屋は近代化の道を歩んでいく。

明治19年（１８８６）、今の笹島に名古屋停車場（名古屋駅）が誕生し、明治22年（１８８９）には東海道線が全線開通。また、名古屋電気鉄道によって全国で二番目となる電車が市内を走り、「広小路通れば電車が走るチンチン」とうたわれるほど、市民の人気を集めた。こうして陸上交通が便利になったことで、名古屋の都市化は急速に進む。

また、明治29年（１８９６）、名古屋港の工事が始まり、明治40年（１９０７）に開港すると、海上交通が整備されて大型の船が停泊できるようになり、産業も成長していく。さらに、中心部と名古屋港を結ぶ道路も開通するなど、名古屋は東西南北に交通ネットワークを広げる大都市へと変貌する。

名古屋停車場の写真 『愛知県寫眞帖』(名古屋市市政資料館所蔵)より

瀬戸電（写真撮影：服部重敬）

名古屋鉄道瀬戸線の前身、瀬戸電気鉄道（瀬戸電）は明治38年（1905）に瀬戸〜矢田間が開通し、翌年には大曽根まで延長。その後、瀬戸の陶磁器を堀川を利用して輸送するために堀川駅をつくり、土居下〜堀川間は、なんと名古屋城の外堀に線路を敷いて走っていました。昭和51年（1976）に廃止となるまで、長く「お堀電車」の愛称で親しまれていたんですよ。

ものづくり文化が近代産業の礎に。

現代の名古屋の発展を支えるものの一つに、ものづくりの文化がある。例えば、江戸時代、この地域は綿織物の産地だったが、豊田佐吉が世界初の自動織機を発明したことで花開いたのが繊維産業だ。ものづくりの情熱は自動車メーカーへ継承され、今や世界の自動車産業をリードする存在になっている。

同じく地場産業が発展したものとして、瀬戸のやきものがある。既に9世紀には産地として確立していたとされるが、戦国時代、戦乱のために衰退。しかし、初代義直が名古屋城の御深井丸（おふけまる）に窯を築き、御庭焼（おにわやき）を始めたことで、瀬戸の復興が進む。そして19世紀には磁器生産も始まり、陶磁器産業が発達する。こうした技術を核に、洋食器で世界に名を馳せるメーカーが生まれ、碍子（がいし）やセラミック技術が発展していく。

また、家康愛用の時計を修理し、その腕を買われた津田助左衛門は慶長19年（1614）に義直に召し抱えられ、尾張藩のお時計師と鍛冶職頭を務めていた。そこで培われた歯車やばね仕掛けの技術は、山車のからくり人形などにも活かされ、近代に入って時計産業に、やがて精密技術を応用した機械産業につながっていく。

一方、江戸時代から良質な木材が手に入りやすかった名古屋では、木工技術も磨かれた。近代に入ると、その技をもとに仏壇・仏具や桐箪笥、ヴァイオリンなどがつくられ、後に鉄道車両の製造へと発展。さらに、木工技術と精密技術を組み合わせた航空機製造が始まる。名古屋と言えばものづくりと言われるが、そこには時代を越えて受け継がれてきた文化の息吹が感じられる。

政吉1号ヴァイオリン
（写真提供：鈴木バイオリン製造株式会社）

茶運び人形
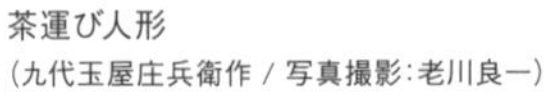
（九代玉屋庄兵衛作 / 写真撮影：老川良一）

Toyoda Model AA SD 1st (1936)
(写真提供:トヨタ自動車株式会社)

豊田式汽力織機(木鉄混製動力織機)(1896)
(写真提供:トヨタ自動車株式会社)

高野鉄道客車
(写真提供:日本車輌製造株式会社)

戦争前、平和を願った文化の祭典。

空中天女館に不思議館…。何とも魅惑的なアトラクションを一目見ようと、人口40万人の名古屋に延べ260万人が詰めかけた、第10回関西府県連合共進会。明治43年(1910)に愛知県の主催で開催された祭典で、名古屋市が前年に開園した鶴舞(つるま)公園が会場となった。開府300年を記念して開催時に建てられた噴水塔や奏楽堂は、後に復元され、今も市民に親しまれている。ちなみ

に鶴舞公園には当初、動物園があったが、その後、動物が増えたため昭和12年(1937)に東山公園へと移転し、この年、東山動植物園がオープン。植物園に設けられたガラス張りの温室前館は、東洋一の水晶宮と称えられ、現在は国の重要文化財となっている。

昭和9年(1934)、名古屋市は人口100万人を突破し、昭和12年(1937)に汎太平洋平和博覧会が華々しく開催される。満州事変が勃発するなど世相が暗くなっていく時代、この博覧会は外国から客を迎える日本で初めての催しとなり、平和をシンボルに掲げていた。やがて敵性語として英語の使用が禁止されていく中でも、もてなしのために芸妓の英会話講習会も開かれた。

関西府県連合共進会 正門前の雑踏 『関西府県聯合共進会記念写真帖 第10回』(国立国会図書館デジタルコレクションより)

海外からは29カ国が参加し、入場者数は480万人を数えるなど、戦争直前でも名古屋は文化的な活動で華やいでいた。

東山植物園大温室（写真提供：名古屋市東山動植物園）

汎太平洋平和博覧会ポスター 『名古屋汎太平洋平和博覧會 會誌』(名古屋市市政資料館所蔵)より

桃介と貞奴、名古屋で描いた二人の夢。

大日本帝国憲法が公布され、名古屋市制が施行された明治22年（1889）、名古屋では街に初めて電燈が灯り、人々の心を明るく照らした。これを成し遂げたのは「電力王」と呼ばれた、名古屋電燈社長の福沢桃介。日本各地で電気事業を手掛けるともに、名古屋では特殊鋼、製鉄など現在に続くいくつもの事業を起こし、街の近代化に貢献した。

この希代の事業家の活動を支えたのが、日本の女優第一号として知られる川上貞奴（かわかみさだやっこ）だ。

福沢桃介（写真提供：文化のみち二葉館）

川上貞奴（写真提供：文化のみち二葉館）

伊藤博文などからもひいきを受けた芸者で、川上音二郎一座の海外公演に同行した際、女優として舞台に立ちアメリカやパリで評判を得た。引退後、名古屋では自ら事業を起こし、経営者としても活躍する。

二人が大正から昭和初期にかけて暮らした和洋折衷の邸宅は、創建当時、名古屋の東二葉町にあった。敷地面積は2,000坪以上。当時としては最先端の電気設備を備え、「二葉御殿」と呼ばれた壮麗な邸宅で、二人は多くのゲストをもてなし、ともに事業の夢を語り合っていたのだろう。現在、二葉御殿は移築・復元され、「文化のみち二葉館」として公開されている。

文化のみち二葉館 ©名古屋市

桃介と貞奴が愛した邸宅。オレンジ色の瓦屋根やステンドグラスなど華麗な装飾が目をひく邸宅は、政財界人や文化人の集まるサロンだった。

乱歩を生んだのは、本好きの名古屋文化？

あの明智小五郎は、名古屋が芸どころでなければ生まれなかった…というのは言い過ぎかもしれないが、名古屋は江戸川乱歩が3歳から中学卒業まで過ごした街で、その文化的背景が小説家誕生に関係している。

江戸時代から明治末年にかけて、名古屋には日本一の貸本屋「大惣」があった。顧客は武士、町人、学者などあらゆる層に及び、曲亭馬琴も名古屋を訪れた際に大惣に立ち寄っている。また、近所に住んでいた坪内逍遥は入りびたっていたという。

明治40年(1907)、愛知県立第五中学校1年生の乱歩
(写真提供:平井憲太郎)

そんな文化が広がる地で、乱歩の母も大惣で探偵小説を借りて読んでいたが、乱歩少年もその影響を受けたのだろう。また、明治43年(1910)に鶴舞公園で開催された第10回関西府県連合共進会も、乱歩作品に影響を与えたとされる。乱歩少年は会場で「旅順海戦館」のジオラマ模型に夢中になるが、これが理由か、後に鏡やパノラマ装置といった視覚装置が乱歩作品にはたびたび登場するのだ。

大正12年(1923)、乱歩は『二銭銅貨』で小説家デビューするが、これを絶賛し後押ししたのが名古屋の探偵小説家・小酒井不木だ。まだ日本の探偵小説が黎明期の頃、乱歩は不木と交流を深め、次々と作品を発表する。乱歩の原点は名古屋にあり、江戸時代の貸本文化ともつながっている。

『二銭銅貨』(名古屋市鶴舞中央図書館所蔵)

文化・芸術をリードした旦那衆。

江戸から明治、大正、昭和、平成、令和と時代が激変する中でも、名古屋では雅楽、能や狂言、茶道、華道、香道、歌舞・音曲、絵画、俳諧など、さまざまな芸事が盛んに行われてきた。それは芸事を愛し、資金面を支える旦那衆がいたことが大きい。経済的な基盤があればこそ、暮らしにゆとりが生まれ、文化や芸術活動も成り立つのだ。

江戸後期、これらの芸道には、いずれにも、質商で米穀商だった関戸家、いとう呉服店（後の松坂屋）を営む伊藤家、金物商の岡谷家（現在の岡谷鋼機）、油商人の高麗屋吉田家といった尾張藩御用達の大店の面々が名を連ねている。

旦那衆の豊かさを象徴するのが、現在、邸宅や庭園が名古屋市の文化財となっている「揚輝荘」だ。大正から昭和初期にかけて十五代伊藤次郎左衛門祐民（松坂屋の初代社長）が覚王山に建てた別荘で、約1万坪に及ぶ広大な敷地には三十数棟もの建物が点在していた。今は、建設当時の面影を残す「聴松閣」など貴重な建物が公開されており、豪商の華やかな暮らしぶりを想像することができる。

揚輝荘 ©名古屋市

皇族から留学生まで、国内外の交流の場。揚輝荘は伊藤家の別荘にとどまらず、皇族や政治家、実業家、文化人などの社交場となっていた。また、アジアの留学生の寄宿舎としても活用された。

名古屋では早くから茶の湯が裕福な町人の間で流行り、邸宅に茶室や茶亭を設ける商家もありました。江戸中期には伊藤次郎左衛門らが京で千家流を学んで帰ってきます。やがて庶民にも茶道をはじめとする芸事が広がり、幕末には、囲碁、茶道、乱舞（能）を習う人で名古屋がゴチャゴチャになったとして、『碁茶乱譚（ごちゃらんたん）』という本まで出るほどだったんです。

洒落者（しゃれもの）が守った、名古屋狂言の伝統。

名古屋の旦那衆はさまざまな文化を支援してきたが、彼らによって守られた芸の一つに狂言がある。初代義直以来、尾張藩では和泉流の山脇家を抱え、狂言の保護に力を入れてきた。しかし、明治になって尾張藩の保護を失った山脇家は、東京へ移ることになった。これによって名古屋の狂言は存続の危機を迎えたが、弟子であった旦那衆7人が和泉流を支えようと、明治24年（1891）「狂言共同社」を結成する。彼らは私財を投じて、散逸しつつあった江戸時代からの台本や装束、面、小道具を収集するとともに、自ら宗家の芸を伝承し、名古屋に和泉流狂言を存続させた。第二次世界大戦中も、狂言共同社の同人たちが貴重な台本や小道具などを守り抜き、現在、狂言共同社は設立メンバーの一人である井上菊次郎から続く第五世代を中心に、公演活動を行っている。

狂言共同社の設立人には、明治の名古屋を代表する風流人・伊勢門水も加わった。画家で書家、文士で狂言師でもあった門水は、明治20年（1887）に趣味人を集めて「愛知洒落部（しゃらくぶ）」、通称「御洒落会（おしゃらくかい）」を結成。真夏に冬の服装で火鉢を囲んで正月会を催したり、

人間を双六のコマに見立てて遊んだりと、
洒落た滑稽な遊びをとことん楽しみ、「オ
シャラク」を文化へと引き上げた。

三番叟姿の伊勢門水（個人蔵／写真提供：名古屋市博物館）

狂言共同社結成のころ（個人蔵／写真提供：名古屋市博物館）

柿山伏図（個人蔵 / 写真提供:名古屋市博物館）

名古屋能楽堂二十周年記念　五月開館記念特別公演
狂言『松囃子』　シテ：野村又三郎（写真撮影：杉浦賢次）

和泉流三派（山脇・野村・三宅）の一つで、野村又三郎家の当主も尾張藩のお抱え狂言役者でした。戦後、縁のある名古屋に本拠を移し、現在は十四世を中心とする一門が活動を行っています。名古屋は狂言が盛んな土地なんですよね。

芝居ツウの人々が支える、演劇の殿堂。

「名古屋は芝居ツウが多く芸事に厳しいため、楽ではなかった」。そう歌舞伎役者がこぼすほど、名古屋の人々は芝居を好み、その情熱は明治になっても衰えない。明治30年(1897)、名古屋屈指の実業家らが中心となって「御園座(みそのざ)」を開場。歌舞伎を中心にさまざまな役者や芸能人が公演を行い、東西芸能の一大交流拠点となった。御園座は第二次世界大戦で建物を焼失したが、昭和22年(1947)、戦後の日本で一番早く、鉄筋コンクリート造の劇場として復興。まだ、街の復興がままならない中での再建には、劇場復活にかける多くの人々の熱意が伝わってくる。昭和36年(1961)には再び火災で建物を失うが、そのときも演劇ファンや財界の支援によって復活する。その後も経営の危機を何度も乗り越えた御園座は、今も名古屋で本格的な歌舞伎が上演できる劇場であり、さらに近現代演劇、舞踊公演、ミュージカル、コンサートなど、さまざまな公演が行われている。

一方、大須界隈には古くから芝居小屋が集中し、長く盛り場として賑わってきた。明治41年(1908)、名古屋で初めて常設の映

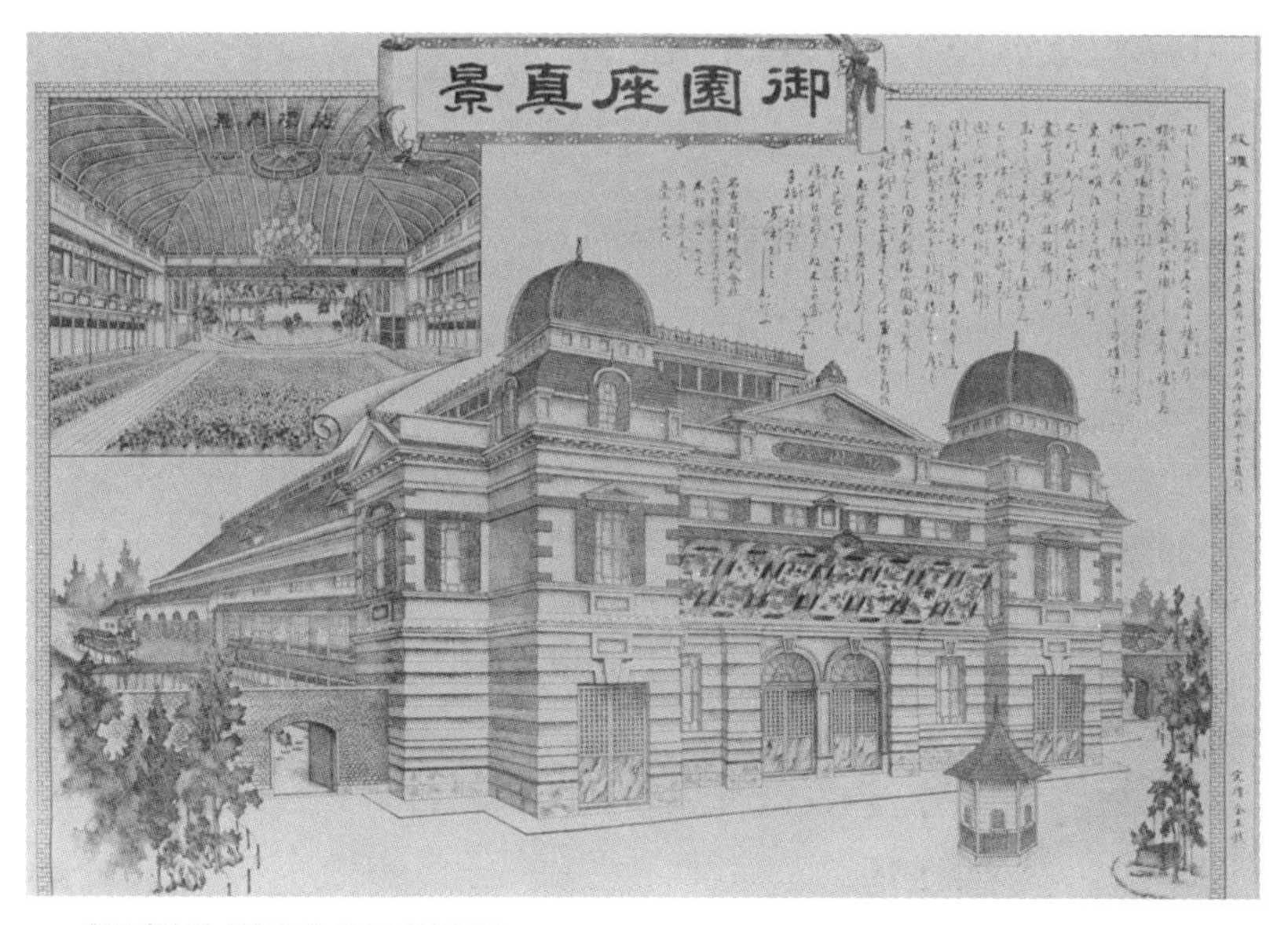

御園座真景（写真提供:株式会社御園座）

現在の御園座

大正期の広小路通 『写真図説 大正の名古屋愛蔵版』(名古屋市鶴舞中央図書館所蔵)より

画館が誕生したのも大須だ。以降、大須の芝居小屋は次第に映画館へと姿を変え、昭和21年(1946)からは映画館が次々にオープンし、大須は映画館街として賑わうようになった。その後、電気街や古着、アニメの街など大須は街の顔を変えていくが、今なお文化の発信地として若者や海外の人からも人気を集めている。

大正期、名古屋の繁華街には丸善や明治屋といった新しい店、喫茶店や食堂が軒を連ね、人々を魅了していました。中でも一番の繁華街だった広小路通をブラブラ歩くこと、"広ブラ"が流行したんですよ。

時代を越えて、お稽古が好き。

名古屋は習い事が盛んな土地と言われる。戦前、裕福な家の女子は、6歳の頃からお茶やお花のお稽古を始め、お琴や三味線、長唄なども習っていた。男子もお茶、謡、浄瑠璃などを習うのが普通だった。地の利によって東西の芸が集まりやすかった名古屋では、江戸時代から現代にいたるまで、たしなむ人によって伝統芸能が守られてきたのだ。

もちろん、盛んなのは伝統芸能だけではない。平成23年(2011)の全国調査によれば、名古屋を含め愛知県はバレエ教室に通う生徒数が全国3位。名古屋出身の世界的なフィギュアスケーター・浅田真央も3歳の頃からバレエを習い、後にスケートを始めている。ちなみに名古屋はフィギュアスケート王国としても知られるが、親が子どもに付き添って、リンクサイドで我が子の練習を見守る親の情熱が他地域とは違うという。親子とも習い事が好きでお稽古熱心。そんな名古屋の土地柄だからこそ、伊藤みどりや浅田真央、宇野昌磨といったトップ選手が生まれるのかもしれない。

一方で、組み合わせによって独自の文化を生み出すのも、名古屋の得意とするところ。

名古屋の発明家・森田吾郎が考案した大正琴は、タイプライターと二弦琴を組み合わせた、日本で唯一の和洋折衷楽器だ。大正元年(1912)に発売されると、当時普及しつつあった西洋の音楽に気軽にふれられ、何となく哀愁を帯びた音色と弾きやすさが誰でも楽しめるということで急速に普及した。今も愛好者は多く、全国で演奏会が開催されている。

大正琴の教室の風景(写真提供:大正琴澄音会)

文化が、人々を立ちあがらせた。

第二次世界大戦時、度重なる空襲によって名古屋の街は焼き尽くされ、城郭として国宝第一号に指定された名古屋城の天守閣も失われた。しかし、昭和20年（１９４５）8月15日に終戦を迎えると、名古屋市は早くも12月に復興計画を発表。やがて、東西南北に走る「１００ｍ道路」が整備され、昭和29年（１９５４）に日本初の集約電波塔「名古屋テレビ塔」が建設された。さらに昭和34年（１９５９）には、市民からの寄付によって復興のシンボル、名古屋城天守閣が再建された。

また、名古屋では街の復興だけでなく、人々の心の復興も早かった。終戦からわずか40日後、人々の心を勇気づけようと、西川流の二世家元西川鯉三郎をはじめとする舞踊家が「第一回名古屋をどり」を開催。以後、今日まで70年以上にわたって名古屋の秋の舞台を彩っている。「名古屋をどり」は西川流独自の「舞踊劇」の新作を発表する場でもあり、これまでの作品づくりには北条秀司、川端康成、三島由紀夫、水上勉（みずかみつとむ）など、そうそうたる面々が参加してきた。一流派の公演がここまで長く続くのは全国でも珍しく、伝統に新しい要素を加えてきた努力が現在の隆盛につながっている。

同じく、名古屋の秋の風物詩として愛されているのが、昭和30年（1955）に始まった「名古屋まつり」だ。織田信長・豊臣秀吉・徳川家康の三英傑が街を練り歩く郷土英傑行列は、時代絵巻さながらの豪華さ。さらに「山車揃」や「神楽揃」など、名古屋に伝わる貴重な文化財を見ることもできる。

名古屋をどり第８回公演『船遊女』『西川舞踊名鑑』（名古屋市鶴舞中央図書館所蔵）より

1971年の花電車（写真撮影：三和康）

かつての名古屋まつりでは、路面電車に電飾などを飾りつけた花電車が街を走り、市民の人気を集めていた。

新しい文化が、やがて未来の伝統に。

　そして現代。祭りや芸事が好きな名古屋人の気質は、時代が変わっても若者たちに受け継がれている。日本のど真ん中、真夏の名古屋で繰り広げられる日本最大級の踊りの祭典「にっぽんど真ん中祭り」は、平成11年（1999）、地元の大学生の発案から始まった。全員参加型のスタイルが人気を集め、今や国内外から約200チーム2万人が踊り手として参加。約200万人の観客動員数を誇るまでに成長している。

　一方で、芸どころ名古屋の伝統や文化、知られざる魅力を丁寧に掘り起こし、未来へと継承しようと、平成25年（2013）から始まったのが「やっとかめ文化祭」だ。狂言を街なかで開催したり、さまざまな舞台公演を行ったり、名古屋の歴史スポットを探訪したりと、ユニークな催しを繰り広げている。ほかにも文芸によって名古屋の魅力を発信しようという「コトノハなごや」の活動や名古屋ことばを大切にしようという気運もある。

　新たな文化を生み出そうとする動きも、時代とともに消えゆく伝統芸能を守り伝えようとする動きも、両方あるのが名古屋の特長。名古屋は今なお芸どころとして、未来へ成長を続けている。

にっぽんど真ん中祭り（写真提供：にっぽんど真ん中祭り）©にっぽんど真ん中祭り

やっとかめ文化祭（写真提供：やっとかめ文化祭実行委員会）

（写真提供：やっとかめ文化祭実行委員会）

おわりに

名古屋は正真正銘の芸処。こんなに数多(あまた)の芸能が伝承され、今も行われている所は他にあまり類を見ない。例えば、雅楽・平曲・能・狂言・浄瑠璃・歌舞伎・常磐津(ときわず)・新内(しんない)・清元(きよもと)・長唄・箏曲・胡弓・尺八・落語・講談・説教源氏節(げんじぶし)・声明(しょうみょう)・節談(ふしだん)説教・名古屋甚句・都々逸(どどいつ)・端唄(はうた)・小唄・大正琴、踊りは西川・花柳・藤間・内田・赤堀・工藤流、さらに習い事ならお茶・お花・お香・書道、囲碁・将棋、近代に至っては、ヴァイオリン・ピアノ・バレエ・フィギュアスケートなど、数え上げればきりが無い。所謂芸能ではないが、名古屋は物造りの町とも云われ、伝統産業として、名古屋友禅・扇子・和蝋燭・仏具・仏壇・提灯・節句人形・桐箪笥・黒紋付染や木桶・履き物・鼻緒・尾張七宝(しっぽう)・有松鳴海絞り・からくり人形・宮大工・欄間彫刻・饅頭(まんじゅう)(生菓子)など多彩に残っている。これらも、職能、伎芸であり、芸処の一翼を担っていると言えよう。名古屋城の木造天守閣や本丸御殿製作に関わる宮大工の職人技には目を見張るものがある。これを模型とか模造とかいうのではなく、無形文化財である職人技の展示と位置付けるのが適当だ。

また、熱田神宮・東照宮・建中寺・興正寺・鉈薬師(なたやくし)、あるいは蓬左文庫・徳川美術館・徳川園・歴史の里しだみ古墳群・有松歴史的町並み保存地区、文化のみちなど、芸能や伎芸に限らず、歴史や文化を伝える場所も名古屋には非常に多く残っている。にもかかわらず、名古屋は、芸処は廃れたとか、文化不毛とか、魅力が無いとか口にする人が多い。とんでもない、こんなに芸能・文化に溢れたこの町を、あまりにも知らなさ過ぎる。本書の出版を機会に、名古屋文化を見つめ直し、名古屋の文化力を再評価してもらいたいものだ。

この豊かな文化力の芽ばえを仕掛けたのが徳川家康。名古屋城と黄金の鯱は、家康の目指した名古屋経済活動拠点化政策の象徴。黄金の鯱は築城当時、名古屋城下とその周辺から、別けても七里の渡し場（宮の波止場）からは、金鯱聳える天守閣が否が応でも目にとまる。徳川幕府の財政の豊かさが、江戸へ向かう者の目に焼き付けられ、戦いの終わりと豊かな平和の到来が印象付けられる。ここに徳川（江戸）時代に二百六十五年も続いた平和の礎が築かれた。街道と宿駅の整備、三貨制度の確立など実際の基盤整備によって、経済活動は活性化していった。豊かな土地柄に恵まれた尾張の発展はめざましかった。二代光友、三代綱誠と打ち続いて発展し、七代宗春の時に経済・文化の花が開いたのである。宗春は藩主になると同時に『温知政要』

二十一箇条を表し、規制緩和による経済活動活性化を促進、名古屋は超インフレ寸前まで到達した。宗春の治世は約八年間で終わったが、その功績は非常に大きかった。隠居後は名古屋城内と御下屋敷で朝鮮人参栽培(元は吉宗から貰った人参)や書画制作や茶道に親しんだ。宗春の起こした経済・文化活動は、町衆や庶民にまで受け継がれ、豊かな経済力を背景に、芸処名古屋が形成されたのである。

徳川美術館に行くと、初めの部屋は刀剣や武具・馬具を展示し、次室は茶室、次いで藩主の間、続いて能舞台、そして奥向きという構成になっているが、これは尾張藩に客があると、先ず茶道でもてなし、続いて藩主に謁見の後、能でもてなしたことを再現している。尾張地域では、町家や農家でも、訪問客があると、まず抹茶を一碗出す習慣があった。今は町角喫茶店のモーニングで話の花が咲く。畑や仕事場でも謡や浄瑠璃の声が聞こえてくると言った風聞もあった。祭のからくり山車は全国でも愛知が一番多い。誰もが稽古事の一つ二つは身に付けるのが当たり前、玄人跣（くろうとはだし）の趣味芸が伝統芸能を支えてきたのが、芸処名古屋の真骨頂なのである。今もこの稽古事から、世界的バレリーナ、ヴァイオリニスト、フィギュアスケーターが次々と登場している。

おしまいに、もう一つ。それは言葉。名古屋弁（名古屋言葉）。名古屋弁が今ひとつ広がらないのは、その発音の難しさにある。生まれたときから名古屋弁を耳にしていればそれなりに会得できるのだが、今となっては無理なこと。ところで、名古屋弁には江戸時代以前の共通語が沢山残っている。「ようけ（余慶）」「ぎょうさん（仰山）」。「○○げな（…だそうだ）」「よばり（数え年）」「たわけ（愚か者）」「お付け（御味御付《おみおつけ》＝味噌仕立ての付け汁→御御御付《おみおつけ》→御付《おつ》け）」「まわし（準備）」「ござる（居る・来るの尊敬語）」などなど。名古屋弁に所謂古語が多いのは、名古屋の土地柄が変わっていないということだ。その訳は、名古屋が古代以来肥沃な生産性の高い豊かな土地柄で、変える必要が無かったから。こんな豊かな土地名古屋に生きている我々は、名古屋に感謝し、もっともっと名古屋を愛し、出来れば名古屋の素晴らしさを子孫・他所の人に伝えたい。

南山大学名誉教授・東海学園大学客員教授　安田文吉

芸どころ名古屋の関連団体

公益社団法人　能楽協会　名古屋支部
住所　名古屋市中区三の丸1－1－1
名古屋能楽堂 事務局気付

名古屋日本舞踊協会（代表幹事 工藤倉鍵）
電話　052-231-1763

名古屋邦楽協会
電話　052-229-8980
https://sites.google.com/site/hougakunagoya/

名古屋三曲連盟
電話　0568-75-5789
メール　soundart@castle.ocn.ne.jp

伝統産業に関すること

名古屋伝統産業協会
電話　052-745-6170
メール　densan@globe.ocn.ne.jp
http://nagoya-dentousangyou.com

伝統芸能の公演等に関すること

名古屋市文化振興事業団
電話　052-249-9385（事業部）
https://www.bunka758.or.jp

資料所蔵施設・美術館等

名古屋市博物館
電話　０５２－８５３－２６５５
メール　ncm@ray.ocn.ne.jp
http://www.museum.city.nagoya.jp/

徳川美術館
電話　０５２－９３５－６２６２
https://www.tokugawa-art-museum.jp

名古屋市蓬左文庫
電話　０５２－９３５－２１７３
メール　info@housa.city.nagoya.jp
http://housa.city.nagoya.jp

名古屋城総合事務所
電話　０５２－２３１－１７００
メール　nagoyajo@kankobunkakoryu.city.nagoya.lg.jp
https://www.nagoyajo.city.nagoya.jp

熱田神宮宝物館
電話　０５２－６７１－０８５２
https://www.atsutajingu.or.jp

文化のみち二葉館【名古屋市旧川上貞奴邸】
電話　０５２－９３６－３８３６
https://www.futabakan.jp

その他のお問い合わせ

名古屋市観光文化交流局
文化歴史まちづくり部文化振興室
電話　０５２－９７２－３１７２
メール　a3172@kankobunkakoryu.city.nagoya.lg.jp
http://www.city.nagoya.jp/

参考文献

『愛知県寫眞帖』／愛知県
『あいち山車図鑑（第２版）』／あいち山車まつり日本一協議会
『猿猴庵の本　絵本駱駝具誌』／名古屋市博物館
『猿猴庵の本　新卑姑射文庫　初編』／名古屋市博物館
『猿猴庵の本　新卑姑射文庫　二編』／名古屋市博物館
『思わず人に話したくなる愛知学』／県民学研究会／株式会社洋泉社
『尾張名古屋大百科』／名古屋開府４００年記念事業実行委員会
『尾張の古都 清洲と濃尾地域』／名古屋大学附属図書館・附属図書館研究開発室
『尾張名所圖繪』／宮戸宗太郎／金華堂、静観堂
『「語りたくなるまち名古屋」の実現をめざして 名古屋市歴史まちづくり戦略』／名古屋市
『企画展示 尾張の和菓子～味わう楽しみ 見る楽しみ～』／名古屋市鶴舞中央図書館
『狂言でござる』／編集 名古屋市博物館／「狂言でござる展」実行委員会
『狂言へのいざない』／編集　林和利／「鳳の会」
『近世芸能文化史の研究』／守屋毅／株式会社弘文堂
『芸処名古屋を訪ねて』／安田文吉・安田徳子／名古屋北ライオンズクラブ
『現代語訳　信長公記』／太田牛一／株式会社KADOKAWA
『元禄御畳奉行の日記』／神坂次郎／中央公論新社
『校訂復刻名古屋叢書第一巻第四回配本文教編』／名古屋市教育委員会
『古地図で歩く　城下町なごや』／長屋良行・有限会社村島事務所／古地図で歩く城下町なごや実行委員会
『写真図説大正の名古屋愛蔵版』／服部鉦太郎／株式会社名古屋泰文堂
『知れば知るほど好きになる名古屋城』／名古屋城検定実行委員会／名古屋城振興協会

『新修名古屋市史第1巻』／新修名古屋市史編集委員会
『新修名古屋市史第2巻』／新修名古屋市史編集委員会
『新修名古屋市史第3巻』／新修名古屋市史編集委員会
『新修名古屋市史第4巻』／新修名古屋市史編集委員会
『新修名古屋市史第5巻』／新修名古屋市史編集委員会
『新修名古屋市史第6巻』／新修名古屋市史編集委員会
『新修名古屋市史第7巻』／新修名古屋市史編集委員会
『新修名古屋市史第8巻』／新修名古屋市史編集委員会
『新修名古屋市史第9巻』／新修名古屋市史編集委員会
中日新聞／〝幻の琵琶〟白菊150年ぶり里帰り／2010年9月23日 朝刊
『東海の異才・奇人列伝』／小松史生子／風媒社
『東海の和菓子名店』／大竹敏之、森崎美穂子／ぴあ株式会社
東洋大学社会学部紀要52巻2号／日本のバレエ教育環境の地域差
－『バレエ教育に関する全国調査』に基づく分析－／海野敏、小山 久美
『徳川宗春伝』／NPO法人宗春ロマン隊／株式会社文芸社
『徳川宗春－よみがえる自由人のこころ－』／名古屋市市民局広報課
『なごや飲食(おんじき)夜話』／安田文吉／中日新聞社
『名古屋芸能文化7号』／名古屋芸能文化会
『名古屋芸能文化 25号』／ 名古屋芸能文化会
『名古屋ことば言始め』／名古屋市市民経済局文化観光部文化振興室
『名古屋市史風俗編』／名古屋市
『名古屋汎太平洋平和博覧會會誌上巻』／名古屋汎太平洋平和博覧會
『名古屋市歴史的風致維持向上計画』／名古屋市
『名古屋市歴史文化基本構想　私たちのまちの文化財「知る」「伝える」「活かす」』／名古屋市教育委員会
『ナゴヤ全書』／「この国のみそ」取材班／中日新聞社

『名古屋都市センター 広報誌「ニュースレター」VOL.107』/名古屋都市センター
『名古屋の芸能史跡』/関山和夫/名古屋市
『なごや文化情報No.336』/名古屋市文化振興事業団
『名古屋祭』/伊勢門水/村田書店
『なごや四百年時代検定公式テキスト』/なごや四百年時代検定実行委員会/名古屋商工会議所
『ナゴヤ歴史探検』/ぴあ株式会社/名古屋市教育委員会
『名古屋を読む』/藤井康生/風媒社
『西川舞踊名鑑』/加藤博丸/西川舞踊研究所
『日本建築家協会東海支部「機関紙ARCHITECT」２００1年3月号』/安田文吉
『日本建築家協会東海支部「機関紙 ARCHITECT」２００１年5月号』/安田文吉
『日本・東洋音楽論考』/東洋音楽学会編/音楽之友社
『日本文化論年報第１８号/名古屋における雅楽伝承の一断面：幕末から明治へ』/寺内直子
『蓬左第88号』/名古屋市蓬左文庫
『みずほ検定クイズＤＥみずほ～歴史・史跡編～公式テキスト』/瑞穂区役所、瑞穂区郷土史跡研究会/瑞穂区役所
『御園座七十年史』/藤野義雄/株式会社御園座
『御園座八十年史』/藤野義雄/株式会社御園座
『焼け跡のカーテンコール』/伊豫田靜弘/ＮＰＯ法人世界劇場会議名古屋
『読売新聞/東海の記憶』/２０１2年2月11日 朝刊
『わたしたちの愛知県史』/愛知県郷土資料刊行会

参考ウェブサイト

愛知県公式ウェブサイト
愛知県酒造組合ホームページ
愛知県図書館ホームページ
愛知千年企業　江戸時代編、大正時代編
/北見昌朗
あいちの山車まつりホームページ
愛知のたまりしょうゆ公式サイト
愛知の豆みそ公式サイト
AGUI NET
朝日新聞コトバンク
熱田神宮ホームページ
有松・鳴海絞会館ホームページ
岡谷鋼機ホームページ
荻野検校顕彰会ウェブサイト
尾張万歳ホームページ
蟹江町公式ホームページ
狂言共同社ホームページ
九代玉屋庄兵衛後援会ホームページ
the 能ドットコム
志野流香道松隠会ホームページ
ジャパンナレッジ
橦木倶楽部通信第4輯
松月堂古流ホームページ
末廣堂ホームページ
第72回西川流名古屋をどり特設サイト
竹田嘉兵衛商店ホームページ
ちたまるNavi
ちょうどいいまち知多ホームページ
徳川美術館ホームページ
名古屋観光情報公式サイト
名古屋市公式ウェブサイト
名古屋市博物館公式ウェブサイト
名古屋商工会議所のあゆみホームページ
名古屋城公式ウェブサイト
名古屋神社ガイドホームページ
名古屋スポーツセンターホームページ
名古屋まつりホームページ
NAMO. ホームページ
西川流ホームページ
にっぽんど真ん中祭りホームページ
野村又三郎家ホームページ
万松寺ホームページ
文化遺産オンライン
文化財ナビ愛知ホームページ
文化庁ホームページ
文化のみち二葉館ホームページ
まるや八丁味噌ホームページ
水問題研究所ホームページ
ミツカングループウェブサイト
名妓連組合ホームページ
名鉄創業120周年記念サイト
やっとかめ文化祭ホームページ
揚輝荘ホームページ
両口屋是清ホームページ

SPECIAL THANKS
（順不同・敬称略）

愛知県図書館
熱田神宮宮庁
AGUI NET
今井検校勉
ＮＰＯ法人コンソーシアム有松
大須スケートリンク
荻野検校顕彰会
尾崎正忠
景清社
株式会社音楽之友社
株式会社末廣堂
株式会社名古屋泰文堂
株式会社御園座
亀岳林 万松寺
九代玉屋庄兵衛後援会
狂言協同社
国指定重要無形民俗文化財尾張万歳保存会
闇之森八幡社
公益財団法人にっぽんど真ん中祭り文化財団
国文学研究資料館
国立国会図書館
国立能楽堂
志野流香道松隠会
十四世・野村又三郎
神皇車保存会
鈴木バイオリン製造株式会社
大正琴澄音会
長母寺
天理大学附属天理図書館
でん寫
徳川美術館
徳川林政史研究所
トヨタ自動車株式会社
名古屋伝統産業協会
名古屋能楽堂
西川流四世家元・西川千雅
日本車輌製造株式会社
服部重敬
平井憲太郎
ホテルナゴヤキャッスル
名妓連組合
両口屋是清
料亭河文
Cultural Night-Visit Nagoya
やっとかめ文化祭実行委員会
湯取車保存会
洋菓子・喫茶 ボンボン

芸処名古屋
（「芸どころ名古屋」冊子作成等業務委託事業）

2020年5月24日 第一刷発行

発行　名古屋市
〒460-8508 名古屋市中区三の丸三丁目1番1号
電話　052-972-3172
FAX　052-972-4128

発売　株式会社創英社／三省堂書店
〒101-0051 東京都千代田区神田神保町1-1
電話　03-3291-2295
FAX　03-3292-7687

原案　名古屋市
編集・制作　Coup label
〒460-0011 名古屋市中区大須三丁目42-30
www.couplabel.com

STAFF
デザイン　髙橋佳介
榎本紀久
森葉月
菅原裕人
（株式会社クーグート）
監修寄稿　安田文吉（南山大学名誉教授・東海学園大学客員教授）
原稿執筆　神野裕美（株式会社SOZOS）
写真　今井隆之
岡村靖子（株式会社VA）
イラスト　渓（Coup label）
印刷・製本　鬼頭印刷株式会社

※乱丁・落丁本はお取替えいたします。
※本誌記事の無断転載・放送等は固くお断りします。
※本文中には、現代の人権意識の見地からは不適切と考えられる表現や語句がございますが、本書の性質上、文化の歴史的背景を伝えるという観点から、その表現や語句を採用しております。
※この本におきましての「おおさか」の表記は、参照資料に則し、江戸時代以前については「大坂」と表記いたしております。

ISBN978-4-9905686-1-0
2020 Printed in Japan

CBK-002 coup